Collection « L'esprit économique »

fondée par Sophie Boutillier et Dimitri Uzunidis en 1996
dirigée par Sophie Boutillier, Blandine Laperche, Dimitri Uzunidis

Si l'apparence des choses se confondait avec leur réalité, toute réflexion, toute Science, toute recherche serait superflue. La collection « L'esprit économique » soulève le débat, textes et images à l'appui, sur la face cachée économique des faits sociaux : rapports de pouvoir, de production et d'échange, innovations organisationnelles, technologiques et financières, espaces globaux et microéconomiques de valorisation et de profit, pensées critiques et novatrices sur le monde en mouvement...
Ces ouvrages s'adressent aux étudiants, aux enseignants, aux chercheurs en sciences économiques, politiques, sociales, juridiques et de gestion, ainsi qu'aux experts d'entreprise et d'administration des institutions.

La collection est divisée en six séries :

Dans la série *Economie et Innovation* sont publiés des ouvrages d'économie industrielle, financière et du travail et de sociologie économique qui mettent l'accent sur les transformations économiques et sociales suite à l'introduction de nouvelles techniques et méthodes de production. L'innovation se confond avec la nouveauté marchande et touche le cœur même des rapports sociaux et de leurs représentations institutionnelles.

La série *Economie formelle* a pour objectif de promouvoir l'analyse des faits économiques contemporains en s'appuyant sur les approches critiques de l'économie telle qu'elle est enseignée et normalisée mondialement. Elle comprend des livres qui s'interrogent sur les choix des acteurs économiques dans une perspective macroéconomique, historique et prospective.

Dans la série *Le Monde en Question* sont publiés des ouvrages d'économie politique traitant des problèmes internationaux. Les économies nationales, le développement, les espaces élargis, ainsi que l'étude des ressorts fondamentaux de l'économie mondiale sont les sujets de prédilection dans le choix des publications.

La série *Krisis* a été créée pour faciliter la lecture historique des problèmes économiques et sociaux d'aujourd'hui liés aux métamorphoses de l'organisation industrielle et du travail. Elle comprend la réédition d'ouvrages anciens, de compilations de textes autour des mêmes questions et des ouvrages d'histoire de la pensée et des faits économiques.

La série *Clichés* a été créée pour fixer les impressions du monde économique. Les ouvrages contiennent photos et texte pour faire ressortir les caractéristiques d'une situation donnée. Le premier thème directeur est : mémoire et actualité du travail et de l'industrie ; le second : histoire et impacts économiques et sociaux des innovations.

La série *Cours Principaux* comprend des ouvrages simples, fondamentaux et/ou spécialisés qui s'adressent aux étudiants en licence et en master en économie, sociologie, droit, et gestion. Son principe de base est l'application du vieil adage chinois : « le plus long voyage commence par le premier pas ».

CROISSANCE ÉCONOMIQUE
ET CHOIX POLITIQUES

5-7, rue de l'École-Polytechnique, 75005 Paris

http://www.editions-harmattan.fr

ISBN : 978-2-343-20789-6
EAN : 9782343207896

Bernard Landais

Croissance économique et choix politiques

Une application au déclin français

L'Harmattan

Du même auteur

« **Le Monétarisme** », Éditions Economica, 1987.

« **Leçons de politique budgétaire** », Éditions de Boeck Université, 1998.

« **Leçons de politique monétaire** », Éditions de Boeck Université, 2008, Préface de Christian de Boissieu.

« **Les Fluctuations : une synthèse nouvelle** », L'Harmattan, 2017.

Aux Frères de Saint Jean Baptiste de La Salle, avec ma reconnaissance.

Sommaire

Essai 1

Introduction : Economistes et politiques

« Quelles sont les sources de la croissance économique ? », « Quel rôle pour les diverses cultures humaines ? », « Le développement économique peut-il servir de programme politique ? » « Rechercher la croissance et le développement est-elle la voie d'une relance des ambitions nationales et du bien-être ? »

Telles sont les questions les plus importantes que se pose cet ouvrage et auxquelles il va s'efforcer de répondre. Il se compose de plusieurs essais présentant d'abord les arguments d'une théorie rénovée de la croissance économique et du développement et ensuite des applications orientées surtout vers les réalités françaises. C'est en effet en pensant à la France et à son déclin que l'idée est née d'aborder ce sujet, même si beaucoup de pays de par le monde pâtissent de maux semblables aux nôtres, une même grille d'analyse pouvant naturellement leur être appliquée.

Certes, la France souffre d'un affaiblissement de ses forces vives et pas seulement dans le domaine économique. En observant l'histoire française des dernières décennies, il est facile de situer un apogée au début des années soixante-dix, sous le septennat de Georges Pompidou. Telle fut également l'acmé de son rayonnement international, une conjonction qui n'est rien moins qu'une coïncidence.

La France est confrontée à un déclin qui dure depuis près d'un demi-siècle et auquel les hommes politiques et la société française feraient bien de résister. Sans tirer de conclusions hâtives, on remarque que cet affaiblissement coïncide dans le temps avec des tendances internationales lourdes dont le pays espérait initialement profiter : l'unification européenne, l'immigration, la mondialisation. Ce large déclin concerne aussi et même surtout la perte du sens de la liberté et de la qualité du « vivre-ensemble » national[1]. L'équation à résoudre par les gouvernants du futur est donc facile à poser : enrayer le déclin économique, regagner en force et cohésion et restaurer la puissance nationale.

A l'énoncé de ces motivations, on devine bien la part importante des combats à mener pour l'économie ; ce qui est sans doute moins évident, c'est imaginer que ce combat pour le développement économique est susceptible de conduire aussi au succès sur les autres plans ! C'est ce que ce livre tente de justifier ! Il s'agira d'expliciter les causes contemporaines et lointaines de la croissance économique et de prolonger l'effort jusqu'aux déterminants du développement. En observant ainsi le nombre et la variété de ces déterminants, on conclura que la série d'actions visant à les tourner dans le bon sens couvre à peu près tous les items d'un programme politique de qualité.

L'influence réduite des économistes au XXIème siècle

Pour juger de l'efficacité d'un ouvrage tel que celui-ci on s'épargnera les envolées philosophiques en se cantonnant à un point de vue pragmatique. On tiendra compte de la situation respective des deux groupes, économistes et politiciens, aux prises avec leurs missions respectives.

---

[1] Ce qui pourrait s'énoncer « à l'ancienne » comme la « fraternité » ou la « familiarité », un sentiment encore très présent dans les années 1960 et qu'on éprouve encore parfois dans d'autres pays (l'Irlande par exemple). En France, le concept de fraternité s'est transformé en élément de droit !

Diverses raisons expliquent pourquoi les hommes politiques font de moins en moins appel aux économistes. Certaines sont justifiées par l'évolution de la science économique elle-même ; d'autres tiennent à la manière dont on peut ou non influencer efficacement l'opinion des citoyens électeurs.

La science macro-économique a pris un mauvais chemin à partir des années 1970 et elle l'a poursuivi au moins jusqu'à la crise de 2009. Paradoxalement, ce fourvoiement s'est produit à la suite de deux progrès théoriques remarquables. Le premier concernait la prise en considération des anticipations rationnelles dans l'analyse des déséquilibres à moyen et court terme. Le deuxième progrès était la pleine reconnaissance du rôle important du capital humain, très opportunément inclus dans l'analyse de croissance économique à côté du capital et du travail.

Notre sentiment est qu'il aurait alors fallu approfondir patiemment ces progrès et en tirer méthodiquement un maximum d'outils explicatifs sans vouloir les exploiter trop vite à des fins de prévision et de politique économique.

C'est pourtant l'inverse qui s'est produit : sous l'influence anglo-saxonne, ces nouveautés ont incité les économistes à se transformer en économètres, vite préoccupés de tester empiriquement des relations théoriquement appauvries. Dans ce vaste programme scientifique, tout ce qui n'était pas susceptible d'être mesuré a été négligé, consciemment ou inconsciemment, provoquant ainsi un rétrécissement considérable de la compréhension ordinaire utile, tant pour la croissance économique que pour les fluctuations.

Les « anticipations rationnelles », au principe[2] incontestable et bénéfique, ont dégénéré en hypothèses totalement irréalistes sur les prévisions moyennes des agents. La dispersion des éventualités et l'influence particulière des valeurs extrêmes des anticipations dans les comportements, trop difficiles à maîtriser mathématiquement, ont été laissées de côté malgré leur pertinence réelle. Les hypothèses des économistes du courant principal furent surtout émises en fonction des préalables d'un travail précipité de vérification empirique. Ce fut d'ailleurs bientôt le passage obligé pour une bonne carrière universitaire.

Comment ne pas voir alors la fragilité des prévisions proférées par les experts utilisant les modèles néoclassiques anglo-saxons[3] construits sur ces principes ? La crise de 2008 les a fracassés et a durablement déconsidéré la profession tout entière.

Le cas du capital humain et de sa mauvaise intégration dans la théorie de la croissance économique est à peu près similaire, comme nous le verrons tout au long de l'ouvrage.

Un signe de cette mise hors-jeu de la science économique est l'absence de grands auteurs, les successeurs des Keynes, Schumpeter, Friedman, Hayek[4]...ces penseurs de haut vol qui progressaient en permanence sur des chemins de synthèse. Dans

---

[2] Les « anticipations rationnelles » reconnaissent que les acteurs économiques forment leurs prévisions sur la base d'un modèle qu'ils jugent intelligent et le meilleur possible.

[3] Par exemple, ce qu'on appelle la Nouvelle Synthèse Néo-Keynésienne traitant de l'équilibre à court terme et le Modèle Mankiw, Romer et Weill (1992) traitant de la croissance.

[4] Friedrich Hayek a maintes fois stigmatisé la « prétention à la connaissance » (Pretence of Knowledge) telle qu'elle se révèle chez les économistes scientistes de notre époque. L'absence incongrue d'une dose suffisante de doute a sclérosé la pensée économique contemporaine et retardé ses progrès.

les sociétés contemporaines, il n'y a plus personne de ce calibre pour s'engager vigoureusement face aux hommes politiques.

Suite à ces dérives et à la disparition de l'école économique française, les macroéconomistes nationaux ont perdu tout prestige auprès de l'opinion publique et des acteurs politiques. Mais ce n'est pas le plus grave car ces derniers doivent souvent se contenter d'une connaissance infra-élémentaire des problèmes économiques, parfois considérables, posés à court ou à long terme[5].

Tout ceci nous impose de rompre avec des tendances néfastes afin de rebâtir une science macroéconomique modeste mais efficace[6]. Ce livre s'assigne la tâche de fournir aux hommes politiques une synthèse éclairante et praticable de la théorie de la croissance et du développement.

Pourtant, après ce *mea culpa* des économistes, il faut considérer quelques autres explications de leur peu d'influence sur la société contemporaine.

En France, l'enseignement de l'économie régresse fortement depuis une trentaine d'années, à la fois en nombre d'étudiants et en qualité. Manifestement, les priorités sont toutes autres ! Ainsi, nous payons cher l'absence de sélection à l'entrée à l'Université qui détourne les formations vers la simple prescription de recettes de gestion accessibles au plus grand nombre. Les débats et l'esprit de réflexion universitaires ont

---

[5] Dans le cas des crises, celle de 2008 comme celle de 2020, le premier et seul réflexe des politiciens et des médias fut commandé par le keynésianisme élémentaire des années 60.

[6] Voir par exemple mon texte : « L'inefficacité de la macroéconomie contemporaine et ses solutions » Congrès de l'Association Internationale des Economistes de Langue Française (AIELF) Santiago du Chili (Actes) mai 2019.

décliné et presque disparu au profit d'un enseignement technique axé uniquement sur l'insertion professionnelle rapide. Les entreprises et grands services publics français de leur côté ont trop longtemps rechigné à l'embauche de jeunes économistes cultivés et créatifs au profit d'exécutants techniques formés aux méthodes anglo-saxonnes ou tout simplement de juristes[7].

Le résultat de plusieurs décennies de cet affaiblissement est l'abyssale ignorance des médias et de nombre de décideurs en matière économique, sans parler bien entendu de l'homme de la rue. Or, nous vivons en démocratie, un régime où les politiciens qui reçoivent l'information doivent savoir en parler aux masses dont ils sollicitent les suffrages ; ils sont donc obligés de tenir compte de leur ignorance[8]même quand ils ne sont pas ignorants eux-mêmes. Par exemple, un journaliste influent, sans la formation économique adéquate, a cent fois plus d'influence sur l'opinion qu'un expert économiste talentueux, habituellement privé d'audience ou parlant une fois par hasard. L'information économique fausse ou sommaire mais répétée est ce qui fait l'opinion. De plus en plus souvent, les politiciens sans scrupule instrumentalisent cette ignorance à leur profit.

Dans ce monde du XXIème siècle, n'ont vraiment d'influence que ceux qui sont en situation de renouveler des séquences courtes jour après jour. Lors de la pandémie du Coronavirus, on vit une multitude de débats télévisés sur des thèmes médicaux et économiques croisés. Il ne serait venu à l'idée de personne de débattre des aspects médicaux sans les médecins, souvent pas

---

[7] Cette constatation vaut pour les plus hauts niveaux de l'Etat où les économistes se font rares. Et même à la tête de la BCE ! Les économistes sont tenus écartés des lieux des décisions de politique économique et une formation à Sciences Po est jugée suffisante…

[8] Une ignorance plus « agressive » car nourrie de lieux communs péremptoires par les incompétents des réseaux sociaux et des médias.

d'accord entre eux, mais les aspects économiques de la crise furent presque toujours discutés par des profanes !

Ceci pose un vrai problème à la démocratie qui non seulement fut selon Winston Churchill : *«le pire des systèmes, à l'exclusion de tous les autres»* mais qui s'est détériorée encore, par la manipulation de l'information.

L'expression livresque est à l'unisson de ce constat pessimiste : l'édition s'est souvent mise aux abonnés absents pour toute grande œuvre synthétique un peu nouvelle. Bref, on aura compris que les macroéconomistes[9] ne sont pas à la fête. Leur enseignement ne peut en effet s'avérer compréhensible et efficace qu'en s'appuyant sur des synthèses de grande ampleur que plus grand monde n'a le courage de lire. La disparition des grands auteurs tient probablement aussi à cela !

Le cumul de ces déficiences au cours du temps laisse des traces profondes. Dans le brouillard de connaissances indistinctes, certaines notions deviennent floues ou opèrent des glissades sémantiques. Par exemple, le libéralisme est de plus en plus souvent présenté au public dans sa définition et son incarnation américaine traditionnelle sociale-démocrate (Démocrates de la Côte Est, « Bobos » européens déracinés) en oubliant le sens français du mot (Tocqueville, Hayek, Salin, Friedman). En conséquence, la « mondialisation libérale » est chargée de tous les péchés d'Israël par les deux extrêmes de l'échiquier politique. Ils enfouissent dans un même sac de réprobation, d'une part l'impérialisme culturel anglo-saxon, le profit de collusion, le règne de la spéculation financière et d'autre part la

[9] Les micro-économistes et gestionnaires de haut niveau sont plus favorisés parce qu'ils traitent de sujets plus pointus, généralement mieux délimités et pour une « clientèle » impliquée et mieux formée.

liberté d'entreprendre, de produire des biens et services utiles et le respect de la propriété privée[10].

En dépit de ces obstacles de communication, ce livre se risque pourtant à une synthèse macroéconomique portant sur les causes de la croissance et du développement. Cette synthèse est indispensable et se doit d'être suffisamment exhaustive pour servir de socle à un programme politique de renouveau.

Le choix du terrain

La croissance et le développement économiques sont l'ensemble de questions le plus large que les économistes peuvent proposer et nous venons de prendre conscience que cela leur pose un sérieux problème de transmission. Mais cette largeur de champ est aussi le sésame d'une coopération entre les économistes et les hommes politiques au plus haut niveau.

Il existe une raison de fond pour laquelle les macroéconomistes spécialisés dans les questions de croissance et de développement sont les mieux placés pour guider les hommes politiques et s'en faire comprendre : à notre époque, au plan international, les conjonctures économiques sont hautement synchronisées, surtout entre pays en contact commercial et financier étroit. C'est dire que les débats portant sur la prévention des crises, les expansions et récessions, globalement ce que traitait autrefois l'analyse néokeynésienne, ont tendance à déborder le niveau de décision national[11]. Un petit pays ou un

---

10 Les antilibéraux se gardent bien de séparer le bon grain de l'ivraie ! La confusion sert leurs intérêts électoraux.

11 On a bien vu que la crise pandémique du coronavirus et ses conséquences économiques avaient nettement un caractère transfrontalier même si bien entendu les pays ont été atteints différemment et réagissent en fonction de leurs situations et mentalités nationales.

pays moyen comme la France ne maîtrise pas fortement son destin sur ces questions, hormis pour les choix préalables d'organisation et de coopération monétaire, par exemple une présence dans la Zone Euro.

A l'inverse, il suffit d'observer les différences de croissance entre des pays économiquement et culturellement comparables à première vue pour en déduire qu'une large partie du devenir de croissance et de bonheur est liée aux actions menées dans un cadre national. C'est particulièrement vrai pour les stratégies visant à développer les cultures humaines dans leur très grande diversité. Le système politique et la qualité des dirigeants sont cruciaux tout au long des chemins empruntés par l'économie nationale en longue période. Enfin, les performances présentes de développement sont l'héritage d'efforts d'investissement déjà effectués, avec parfois des délais d'impact considérables notamment pour les cultures humaines. Leurs racines plongent loin dans les décennies passées et la culture nationale séculaire.

C'est en reconnaissance de tout cela que le travail présenté ici est plutôt pessimiste, tant les tendances du passé sont difficiles à retourner, tant le lourd paquebot de notre destin national peut prendre de temps à changer de cap. Il suffit pour s'en convaincre de considérer aussi le très long piétinement vers le développement des pays d'Afrique ou d'Amérique Latine. Il en est évidemment de même pour toutes les économies matures d'Europe déjà ralenties par un long déclin.

Mais paradoxalement, le temps presse car les pays occidentaux et la France s'affaiblissent de plus en plus rapidement ; il faut donc à la fois qu'ils sachent vite pourquoi et comment y remédier. A ces deux questions jumelles, ce livre souhaite apporter quelques réponses.

Le temps presse ... mais c'est rarement le moment !

Il faudrait donc sans attendre se mettre au travail, et pourtant ... Pour une bonne transmission entre les économistes et les hommes politiques, l'un des handicaps est la prévalence systématique du court terme et des nécessités de l'heure pour le jeu politique. Cette prévalence s'est manifestée par le passé et se manifeste encore en 2020. A son arrivée aux affaires, le Président Sarkozy avait eu l'excellente idée de convoquer un aréopage d'économistes pour étudier les « blocages à la croissance » et faire des propositions. Ce qu'on a appelé le « Rapport Attali », prédécesseur de cet essai, a déjà porté un jugement avisé sur la stagnation française et ce, dès le début de l'année 2008. On sait ce qu'il en advint quand, un an plus tard, se déclencha une crise qui devait faire parler d'elle, avec le rebond de 2011, jusqu'aux alentours de 2015. Exit l'intérêt pour la croissance[12], la « grande récession » a tout balayé ! Les hommes politiques et les économistes se sont surtout préoccupés de la crise et des moyens d'y faire face. Les multiples concertations et décisions internationales auxquelles elle donnait lieu ont accaparé l'attention. On fit face de son mieux à l'adversité du moment[13].

Pour reparler de la croissance, il aura fallu attendre le retour au calme et en pratique la campagne électorale de 2017. On sait alors ce qu'il advint ! Un seul candidat avait un programme politique et économique de long terme et il ne fut pas élu.

---

[12] Les économistes universitaires spécialistes de « fluctuations et croissance » passent ainsi de périodes où leurs intérêts de recherche sont « côté long » en périodes où ils sont « côté court ». C'est d'ailleurs une excellente chose car les liens entre les deux optiques se révèlent de plus en plus.

[13] Le président Sarkozy s'y montra d'ailleurs à son avantage et, comme la plupart des présidents français, se prit d'un goût encore plus vif pour les rencontres internationales.

En 2020, au moment où ces lignes sont écrites, la crise économique est revenue, portée par le Coronavirus, et il faut craindre qu'elle ne nous lâche pas de sitôt. Ainsi, le scénario se répète avec ses rebondissements probables de dépenses publiques accrues et de perte du peu de goût des investissements risqués qui reste dans la société française. Le souci de croissance à long terme devrait donc passer au second plan.

La circonstance donne une leçon forte : il faut pouvoir effacer et de façon durable les dérèglements qui nous « balancent » une grande crise économique tous les dix ans. C'est un préalable incontournable au processus de reprise du développement économique.

Pourtant, cette présentation des choses est peut-être trop pessimiste ; l'Histoire donne maints exemples de circonstances où des chocs sévères, en révélant de longues frustrations, contribuent à débloquer des faisceaux de mesures structurelles profitables. Les chocs sévères agissent comme des révélateurs des forces et des faiblesses nationales. A crise sévère, nouvelles idées en grand nombre ! Ainsi, pour la France, en cet épisode du Covid-19, les citoyens auront vu de façon claire l'incapacité chronique de l'Etat obèse et la façon dont il s'auto justifie à travers les mesures liberticides. Il aura encore mesuré, peut-être moins clairement, à quel point les habitudes socialistes ont plombé notre économie nationale. Elles l'ont privé de ses armes dans la mondialisation, restreignant indûment notre attractivité par des impôts trop élevés et un climat de soumission sociale, rétrécissant par conséquent la gamme des capacités productives autorisées à la France par ses avantages comparatifs. La nocivité du principe de précaution s'est révélée au grand jour : droits de retrait utilisés par les syndicats, indécision gouvernementale ou médicale, « excès de zèle » des autorités subalternes manipulées par l'Etat, règne des « petits chefs »...Dans un tel contexte, le pays pourrait-il trouver de nouvelles solutions et agréer plus facilement un programme de réformes avec des chances politiques de succès ?

Le programme

Les essais qui viennent exposent les diverses facettes d'une nouvelle théorie de la croissance. Les essais 3 et 4 nous retiendront un peu plus longtemps pour exposer le modèle MIE de façon cohérente. Les essais suivants constitueront des applications.

Le deuxième essai constitue une introduction totalement originale au modèle de croissance ; il est consacré à la « culture humaine », ce qu'on avait plutôt l'habitude de nommer le « capital humain ». L'originalité de l'ouvrage repose largement sur le fait qu'y sont répertoriées de nombreuses formes précises de cultures humaines, jouant chacune un rôle particulier dans les investissements effectifs que les économies nationales consacrent à leur croissance.

Le troisième essai est le cœur théorique du livre, exposant une théorie de la croissance dénommée : modèle à investissement effectif (MIE). Partant de ce modèle, nous verrons quels sont les déterminants de la progression du PIB au cours du temps. On notera que ces déterminants se succèdent et se combinent dans le temps long ; une croissance élevée d'aujourd'hui correspond à des séquences progressives ou régressives entamées plus ou moins loin dans le passé.

Le quatrième essai part du modèle explicatif MIE pour justifier les interactions entre les politiques publiques et la croissance. Il éclaire les raisons qu'a un gouvernement de ne pas nuire à la croissance économique et même s'efforcer de l'accélérer. Il montre la variété et la profondeur temporelle des causes de croissance sur lesquelles pèse l'Etat. Le fleuve de la croissance et du développement coulant paresseusement dans l'espace-temps, le programme politique doit s'envisager aussi comme une continuité, des mesures à portée immédiate jusqu'à celles à portée différée. Enfin, le texte jette un pont entre la politique de développement et la politique de prévention des fluctuations et insiste sur les disciplines à respecter pour assurer la stabilité de l'économie. On confirmera ainsi qu'éviter les crises est aussi une condition préalable d'effectivité politique des programmes de développement.

Le cinquième essai insiste sur le passage de la croissance du PIB vers le développement économique. C'est la « pointe » du modèle ! Le développement dépend assurément de la richesse créée mais pas seulement. Plus que pour la simple croissance, la quête du développement économique constitue le cadre adéquat d'établissement d'un programme de redressement national.

Dans le sixième essai, l'Histoire économique et spécialement la lente montée vers la Révolution Industrielle fournit une illustration en « vraie grandeur » de MIE, consacrant la prévalence des causes lointaines. Elle recombine ainsi l'évolution séculaire des « cultures humaines » et celle de leurs implications économiques.

Le septième essai couvre un nouveau champ de la réflexion où la géopolitique se mêle à la science économique. Elles s'associent pour éclairer les stratégies politiques visant à accroître la « puissance » du pays.

Le huitième et dernier essai décrit la situation actuelle de la croissance économique en France, ou plutôt de son déclin. MIE donne sa mesure pour éclairer et encadrer les dynamiques nationales. Il donne une idée de l'effort nécessaire pour reprendre le bon chemin et souligne les mesures à prendre pour renverser les mauvais courants.

Après ce large tour d'horizon, il ne sera plus nécessaire de regrouper les conclusions politiques exploitables de ces diverses approches. L'objectif de l'ouvrage n'est pas de construire un programme bien charpenté et fin prêt mais seulement de le conseiller. Il se propose donc de mettre en lumière les problématiques de l'action pour la croissance et le développement. En pratique, nous soulignerons toutes les propositions les plus utiles dans ce contexte.

Essai 2

Capital humain et cultures humaines : les bases de la croissance

La prise en compte de la notion de capital humain dans l'analyse de croissance nécessite un approfondissement de sa structure et auparavant une clarification du concept lui-même. En français, je considère qu'on peut avantageusement le traduire souvent par le mot « culture »[14]. Ce terme exprime à la fois des acquis extérieurs aux personnes, que celles-ci ont accumulé et intégré par l'éducation, et une expression de leur personnalité elle-même, indissociable des individus et des périodes de temps qu'ils consacrent à leur activité professionnelle ou à leur vie personnelle et familiale. La détermination précise des formes de culture humaine est un préalable indispensable à la formulation des causes et des chemins de croissance économique. Au total, nous envisagerons donc neuf formes de capital humain dont huit (classées de H1 à H8) sont d'emblée en rapport direct ou indirect avec la production, le PIB et la croissance ; la neuvième (H9p) est définie pour compléter l'analyse du développement.

Commençons par **H1P** (P pour professionnel), la culture ou masse des connaissances et compétences déployées par la main d'œuvre pour réaliser la production de biens et services. Il s'agit d'une culture associée à chacune des diverses personnes qui y sont impliquées. H1P étant appliqué au travail L, sa rémunération est intégrée à celle du travail offert. La culture

---

[14] Cette idée est proche de celles que propose le philosophe et homme politique François-Xavier Bellamy (2017)

H1P se construit par l'instruction de base d'origine familiale et scolaire, la « volonté de réussite » (H6V), disposition mentale propice à l'apprentissage, l'enseignement technologique aux divers niveaux ainsi que par des enseignements supérieurs de type didactique (Gestion, Droit, Médecine, Sciences...). Elle tire aussi profit de la formation permanente. Cette culture progresse encore par l'« effet d'apprentissage », le fameux « learning by doing » découvert par Erick Lundberg et Kenneth Arrow. Celui-ci, s'il fut initialement présenté comme une forme de progrès technique, est en réalité l'augmentation de H1P causée par l'habitude de produire, par la familiarité renouvelée avec des équipements successifs et par la diffusion de H1P d'un individu à l'autre dans les équipes de travail, un apprentissage au sens ancien du compagnonnage artisanal. H1P suit une dynamique influencée par tous ces éléments à la fois. Au plan macroéconomique, la culture productive H1P est aussi liée à la démographie, lorsque des générations quittant la vie active sont remplacées par d'autres ou encore avec l'intensité et la structure de l'offre de travail effective.

Soit ensuite **H2ER** (ER pour culture entrepreneuriale et de responsabilité) la culture humaine exprimant d'abord une capacité à mettre en place de nouveaux éléments de capital par l'investissement. Cette forme de capital humain, que l'on peut aussi dénommer « audace créatrice » exprime l'aptitude à mesurer, maîtriser et surmonter le risque impliqué par les investissements et par toute décision à prendre en environnement risqué. Sous sa forme entrepreneuriale, elle suppose une certaine « âpreté au gain ». Elle dépend aussi largement de la « volonté de réussite » H6V, qui s'est alimentée parfois à une situation défavorisée à l'origine. En partie héritage naturel et familial, elle est encouragée par une éducation insistant sur la complexité, la culture générale, le jugement et surtout par le respect de la liberté individuelle et de la créativité.

Symétriquement, elle souffre de certaines institutions ou évolutions mentales, religieuses et sociales et en particulier des accents mis sur la conservation, la sécurité et l'égalité. La rémunération de H2ER est englobée soit dans la rémunération du capital (chefs d'entreprise) soit dans celle du travail (cadres décisionnels). Enfin, si ce type de culture peut, de temps en temps, faire partie de la fonction de production et influencer directement le PIB par une combinaison plus efficace des facteurs, son influence principale s'exerce en amont pour la constitution du capital lui-même. Autrement dit, si elle contribue sans doute un peu à la valeur prise par la productivité marginale du capital, elle a pour utilité prioritaire de se combiner à cette dernière pour déterminer l'investissement productif. C'est donc un « catalyseur de l'investissement » et un point de départ privilégié de l'effort d'investissement quel que soit le projet.

Mais il existe un deuxième angle d'attaque de cette réalité culturelle H2ER qui en élargit la portée. On peut partir d'une expression familière : « assumer ses responsabilités face à des décisions à prendre ». Dans les entreprises, les instances politiques, les familles, les collectivités administratives, l'armée, la justice, la santé … il se prend en permanence des quantités de décisions et la plupart d'entre elles en incertitude. La culture de responsabilité est la force principale des dynamiques économiques, politiques, sociales ou militaires d'une nation. Tout ce qui réduit le nombre et la qualité des décisions prises réduit donc la puissance et la vitesse de progression d'un pays. Un accent excessif mis sur le principe de précaution, c'est-à-dire sur le refus du risque, est grandement dommageable.

Une mesure approchée mais partielle de H2ER peut se faire au plan global grâce aux travaux portant sur l'aversion nationale vis-à-vis du risque tels que ceux de Nestor Gandelman et Rubén Hernàndez-Murillo (2015). Ces derniers nous renvoient une image inversée et peut-être imparfaite des dotations nationales de cette culture particulière, cruciale pour la croissance.

La troisième forme de culture ou capital humain **H3SC** (SC pour scientifique) est l'aptitude à découvrir et appliquer de nouvelles idées et par suite à augmenter le stock des procédés mis en œuvre. Elle se cultive beaucoup, mais pas seulement, à l'aide d'enseignements de haut niveau et grâce aux mesures destinées à accroître le nombre de chercheurs, par exemple en évitant leur isolement, leur déclassement social et les diversions. Il y a quelques décennies, l'Académicien Louis Leprince-Ringuet (1973) expliquait un certain déficit du potentiel de recherche scientifique français par le mode de sélection des grandes écoles, le fameux concours d'accès, en particulier de l'Ecole Polytechnique, trop éprouvant en amont et trop peu en aval. Comme H2ER, cette forme de capital humain se nourrit encore d'une éducation ouverte sur le risque, la culture générale et la réflexion personnelle, pour se rendre capable d'approfondir ou de transgresser les conformismes scientifiques et sociétaux. Le niveau technique A est l'ensemble d'idées avec lequel on peut préparer la production soit dans sa nature même, les produits nouveaux par exemple, soit dans les moyens mis en œuvre. La culture humaine scientifique H3SC est ce qui sert de base principale à cet ensemble de procédés et technologies en évolution permanente.

Une quatrième forme de culture a un fort impact sur l'économie et la croissance ; c'est **H4C** (C pour croyance), la « culture de croyance ». Le basculement du terme « capital humain » au terme « culture » se justifie encore plus fortement ici parce que les croyances impliquent et imbriquent encore plus clairement l'individu, ses pensées et ses actions. Le Chrétien agit en tenant compte des préceptes de l'Évangile qui font partie de sa personnalité : « Ce n'est plus moi qui vis mais le Christ qui vit en moi » disait Saint Paul ; le Musulman honore Dieu et se conforme aux préceptes du Coran. Le Juif, le Bouddhiste, l'Hindouiste, le fidèle des religions traditionnelles animistes portent en eux leurs croyances et positionnent leurs actes personnels et professionnels dans leur propre contexte religieux. Les adeptes du syncrétisme, de l'athéisme ou du néo-paganisme moderne ne font pas différemment, quelquefois même inconsciemment. Dans cet ensemble H4C se placent encore les convictions sociétales et opinions politiques, solidement charpentées et réfléchies ou simplement héritées ou instinctives. Les croyances ou non-croyances influencent toutes les démarches vitales et les actions des hommes. Elles ne sont d'ailleurs pas figées et évoluent parfois assez rapidement. La mondialisation leur donne des influences et des rôles nouveaux comme en témoignent la perte de présence sociétale du catholicisme et la montée des fondamentalismes musulmans, hindouistes et protestants.

Les croyances marquent les institutions mais ce ne sont pas des institutions. Elles entrent aussi directement ou indirectement dans les fonctions d'investissement utiles à la croissance. Depuis Max Weber, on en avait une forte intuition, mais leur lien avec l'évolution du PIB peut être explicité, décomposé et sans doute élargi. Cette culture de croyance ou capital humain H4C influence donc les institutions O sur le long terme mais aussi, associé à H2E et H3SC, la production des projets risqués de l'investissement en capital physique et l'ouverture aux nouveautés techniques **A.** Dans la littérature économique de croissance, de nombreux travaux ont examiné la relation entre les performances économiques et la religion [par exemple,

Robert Barro (2003)][15] ou Luigi Guizo, Pietro Sapienza et Louis Zingales (2003)[16]]. Certains auteurs [David Audretsch, Werner Bonte et Jagannadha Pawantamvada (2013)] ont exploré les liens plus directs avec l'entrepreneuriat H2ER tandis que d'autres [David Landes (2006) par exemple] montrent le rôle historique rempli par la culture de croyance pour conduire les trains d'innovations techniques. Enfin, la culture humaine de type H4C et les mentalités entretiennent évidemment un rapport étroit d'influence avec la démographie et la culture professionnelle de travail H1P. Historiquement, la religion chrétienne a largement promu la valeur du travail manuel, le Christ lui-même ne l'ayant pas dédaigné[17].

Une cinquième forme de culture **H5PU** (PU pour puissance) correspond à la puissance, l'addition de tous les éléments matériels, technologiques et humains dont le pays est ou s'est doté pour affronter la mondialisation et en faire un des moyens de sa croissance économique. Elle se décompose globalement entre pouvoir dur (*hard power*) et pouvoir feutré (*soft power*). Elle s'alimente du patriotisme, expression d'une synthèse nationale de « volontés de réussite ». Mais H5PU n'est pas seulement la puissance au sens étroit ; beaucoup de traits liés à

---

[15] La revue « Problèmes économiques » du 14 septembre 2005 contient un dossier sur cette relation entre « Religions et Croissance » et présente en particulier en détail le point de vue de Robert Barro.

[16] Cette étude est particulièrement intéressante pour comprendre l'influence du marqueur « catholicisme » et en particulier le glissement des valeurs associées au catholicisme, d'un point de vue plutôt libéral à un point de vue socialiste de redistribution à partir des années 1960.

[17] Contrairement aux sociétés de l'Antiquité ; ce travail de réhabilitation a été surtout acté au premier millénaire chrétien et l'on peut dater de cette époque lointaine la marche de l'Occident vers le développement.

la mondialisation spécifique d'un pays doivent être pris en compte : être proche d'un grand voisin, parler un même langage, subir un handicap de situation, l'enclavement par exemple, sont des traits qui marquent les évolutions économiques tant à court terme que pour la croissance. H5PU fait néanmoins exception dans le groupe en ce qu'elle n'est pas attachée à chaque individu mais s'applique à la nation dans son ensemble. Elle est déterminée par la géographie, l'histoire et par les stratégies politiques, culturelles et militaires à long terme.

La volonté de réussite **H6V** (V pour volonté) représente la sixième variante de culture humaine, proche de H2E mais plus générale dans sa destination. C'est une forme qu'on aurait tendance à oublier mais qui se révèle chaque fois qu'il s'agit, pour un individu ou un groupe, de progresser dans l'échelle sociale. C'est l'une des principales clefs du succès quel que soit le but poursuivi. Par exemple, sa présence est clairement révélée par toutes les études montrant de quelle façon les populations émigrées réussissent à s'intégrer dans un pays d'accueil.

Une autre catégorie de culture humaine est le « capital-santé » **H7SA** (SA pour santé) important pour la production à travers l'offre de travail mais aussi pour le bonheur individuel et par conséquent pour garantir un authentique développement. Signalons déjà les travaux de David Weil (2014) comme une base incontournable de l'étude du rapport entre santé et croissance.

La huitième forme de capital humain (plutôt ici que de culture humaine) est le capital de sûreté des personnes et des biens **H8SU** (SU pour sûreté). On pense tout de suite aux dispositifs et moyens mis en place par l'Etat pour garantir la sécurité des individus et garantir leurs propriétés. Mais ce n'est pas tout, car en fait une société peut être plus ou moins sûre en fonction d'autres éléments (morale, religion, familiarité, homogénéité ethnique, prise en charge marchande de la sécurité). Le coût est faible ou élevé selon les cas. Il y a des pays où l'on peut quitter son domicile sans le fermer et sans craindre ni qui ni quoi que ce soit. Il y a aussi des pays comme la Chine par exemple, où des quartiers de gens riches s'entourent de clôtures et de vigiles privés. Il y a des pays où la police est corrompue et où par conséquent la sûreté se paye deux fois, par les impôts et par les bakchichs. Il y a enfin des pays où la vie des personnes est constamment en danger. Cette forme de capital humain est tout à fait personnelle ; au Far-West autrefois et dans certains pays encore, la sûreté est acquise par l'armement individuel et même dans tous les autres cas, le bilan de sûreté personnelle est susceptible d'être dressé en fonction de l'environnement. Comme pour les autres formes, ce capital H8SU est susceptible d'être agrégé, en théorie tout au moins.

Dans cette course aux cultures, déployant les efforts d'investissement dans des démarches parallèles mais souvent concurrentes, on doit encore compter avec **H9p** (p pour privé) le capital humain privé non marchandable, qui sert de catalyseur au PIB pour la transformation en bien-être et en développement. Pour le faire connaître, ayons dans un premier temps à l'esprit qu'il s'agit de cette forme de culture humaine, extrêmement variée, que l'on conserve quand on part à la retraite après la vie professionnelle. C'est le sel de la vie personnelle (vie familiale, sentiments, solidarité, gastronomie[18]et art de vivre, dons artistiques, sport, jeux, aventure, découverte, …) pour lequel des efforts éducatifs et personnels sont mobilisés tout au long de la vie.

[18] On est frappé de la place grandissante que prennent en France les émissions TV de grande cuisine comme expression de culture, d'art de vivre et de fierté nationale.

Chacun des trois premiers types de culture est plus spécifiquement combiné avec l'un des trois facteurs de base des fonctions de croissance, H1P en augmentant l'efficacité du travail, H2ER en favorisant l'accumulation le capital physique et encore H3SC pour développer le stock de processus technologiques A. La culture de croyance H4C touche indirectement et très en amont, à toutes les catégories de décisions et d'investissements relatifs à la croissance économique. Enfin, la puissance H5PU se mêle de tout ce qui, dans l'ouverture internationale, a un rapport avec la dynamique des facteurs et leur déploiement ; elle est donc l'un des déterminants du facteur institutionnel et d'organisation. H6V est un élément dynamique en partie lié à la structure démographique. Quant aux trois dernières formes, la santé, la culture privée et la sûreté personnelle, elles sont plutôt importantes pour le développement et le bonheur.

Ces catégories de culture progressent au cours du processus de croissance qui exerce un effet en retour sur chacune mais sont en partie concurrentes. L'influence familiale, elle-même façonnée par l'ambiance, les institutions mais aussi la durée, la composition des programmes éducatifs et leur diversification, favorisent plus ou moins l'une ou l'autre. Dans la mesure où l'éducation qui compte économiquement « transmet les connaissances » ou « aiguise l'intelligence », la part de cette dernière mission dans la préparation des cultures humaines est clairement favorable à H2ER et H3SC. En formant les esprits à l'exploration du réel et au maniement des concepts, l'éducation prépare alors bien mieux les individus à maîtriser les risques et à concevoir la nouveauté.

L'accumulation des cultures humaines, de H1 à H9 est une affaire de longue haleine et représente des investissements effectifs qu'un pays entreprend sur plusieurs générations. Nous en verrons plus loin les implications politiques.

Les éléments culturels cités reçoivent constamment les contrecoups de la croissance. Cette dernière peut s'amplifier ou au contraire s'autodétruire en atrophiant ses racines. La volonté de réussite, la rigueur morale et le sens du vrai apportés par le sentiment religieux, le goût du risque survivent difficilement au matérialisme de consommation apporté par la croissance. Il en est souvent de même pour la sûreté des personnes et des biens H8SU. De façon semblable, le capital privé $H9_P$ progresse et change de structure avec le temps de loisir dégagé par la croissance mais inversement subit l'érosion du matérialisme et des prises en charge marchandes ou étatiques des besoins de solidarité et de convivialité. Dans ce contexte, on pourrait alors oser intuitivement une définition du vrai développement comme étant la croissance qui ne se coupe pas de ses racines mais les renforce dans son mouvement. C'est évidemment dans cette voie que doit s'engager un programme politique de renouveau.

Essai 3

Les sources de la croissance économique : Le modèle MIE

Première partie Production, croissance et rendements

L'analyse de la croissance peut être « fascinante » (Lucas 1990) parce qu'elle traite du sujet probablement le plus évident de la science économique : comment s'accroît la production de biens et services disponibles pour les consommateurs ? Elle l'est d'autant plus qu'il s'agit pour les macroéconomistes d'un thème plutôt facile à aborder. La structure analytique à mettre en place est simple : une **fonction de production globale** avec ses facteurs sélectionnés, assortie d'hypothèses ou de conditions pour la **dynamique d'évolution des facteurs** au cours du temps. La présentation suivra désormais cette méthode générale avec l'idée que pour être efficace, le mieux est de déterminer la fonction de production la plus pertinente et la dynamique d'évolution des facteurs la plus réaliste, reliées aux variables les plus éclairantes. « Vaste programme ! » aurait dit le Général de Gaulle.

Le Modèle MIE postule l'existence de cinq facteurs de production : tout d'abord, les deux facteurs habituels du modèle simple de Robert Solow le **travail L** et le **capital physique K**. Au-delà de ce schéma simple de Solow, deux facteurs supplémentaires repris des travaux de Gregory Mankiw, David Romer et David Weill (1992) ou Robert Lucas (1988) pour le capital humain et C.I. Jones (1995) pour le stock de connaissances techniques, sont ajoutés à l'équation. À leur exemple, on retient donc le capital humain, ou **culture**

productive de type **H1P**[19] servant à réaliser la production de biens et services et les **procédés techniques disponibles A.** On enveloppe le tout d'un « facteur **O** » d'**organisation des facteurs** et d'environnement institutionnel et matériel de la production comportant les interdits, les lois et règlements, l'ouverture des marchés, les équipements publics etc. Ce facteur d'échelle était implicitement présent dans nombre de formulations mais ici il figure explicitement. La combinaison de ces cinq éléments conduit à la valeur du PIB.

Encadré 3-1 **Fonction de production et taux de croissance**

(1) **Fonction de production** : $Y = O.\ L^{\alpha L}.\ K^{\alpha K}.\ H1P^{\alpha h1}.\ A^{\alpha A}$

avec : **Y**, la production de biens et services (PIB). « **O** », une grandeur regroupant des influences supposées exogènes (organisation, institutions, équipements publics, marchés) ; **L**, le travail exprimé en heures totales offertes ; **K,** le capital physique productif ; **H1P**, le capital humain ou culture, relatif à la main d'œuvre directement impliquée dans la production ; **A**, le stock d'innovations et de procédés techniques.

et les paramètres d'élasticité correspondant à chaque contribution α_i. On peut faire l'hypothèse raisonnable de rendements constants à l'échelle soit : ($\alpha_L + \alpha_{h1} + \alpha_K + \alpha_A = 1$). Pour fixer les idées, une approximation des valeurs possibles pour un pays développé donnerait par exemple $\alpha_L = \alpha_{h1} = 0{,}3$ et $\alpha_K = \alpha_A = 0{,}2$.

[19] La classification des cultures humaines de H1 à H9 a été précisée Essai 2.

(2) Taux de croissance du produit par tête[20] : l'équation de base

dLog (Y/N) = dLog O + α_A dLog A + α_L dLog L + α_K dLog K + α_{h1}.dLog H1P- dLog N

avec : N, la population totale et son taux de croissance **n** = dLogN.

Les écritures utilisées de type dLogX signifient « taux de croissance de X ».

L'équation (2) du produit par tête exprime l'évolution du niveau de vie dans le temps qui est une combinaison linéaire des taux de croissance des cinq facteurs. Dans une deuxième étape, on s'intéresse donc à ces derniers, c'est-à-dire aux investissements nets.

Dans la théorie de croissance MIE il est insuffisant de dire que l'investissement est primordial, c'est plus que ça : l'investissement effectif dans les diverses formes de capital, physique, humain, connaissances techniques ainsi que les progressions de l'offre de travail et de l'organisation, soumises à des calculs conscients, sont les seules choses à prendre en compte.

Les comportements d'investissement s'enchaînent les uns aux autres, une avancée plus vive d'un facteur déterminant une hausse des rendements des autres facteurs et leur accumulation plus rapide, suscitant ainsi un chassé-croisé vertueux. Ce « chassé-croisé » se propage souvent[21]en combinaisons

[20] Dérivée de la fonction de production (1) par un raisonnement mathématique simple dont nous avons passé les étapes sous silence. La différentielle totale appliquée aux logarithmes permet d'obtenir d'emblée une expression des taux de croissance.

[21] Mais pas toujours ! Ainsi par exemple, un industriel peut remplacer une machine d'un certain type par une machine du même type mais de

complexes avec des projets d'investissement mixtes. L'accumulation des biens de capital physique s'accompagne de travail associé, du progrès du capital humain et de celui des connaissances scientifiques. Ces processus sont longs !

A chaque moment on a coutume de parler d'un **« potentiel de croissance »** pour un pays donné. Cela signifie des conditions qui doivent permettre des progressions de facteurs, c'est-à-dire des investissements conduisant à un niveau de vie supérieur. Pour le modèle MIE le potentiel de croissance se définit comme : **« la capacité globale à générer les investissements suffisants dans toutes les catégories des facteurs utiles à la croissance ».** Il s'agit d'un héritage et la marque d'une démarche complètement volontariste d'efforts passés.

Ce potentiel se détériore quand des investissements insuffisants dans leurs diverses facettes : K, L, A et H1 et O aboutissent à un chassé-croisé descendant, une dégringolade en vagues successives de baisses de rendement et une stagnation, voire une réduction, du niveau de PIB par tête. C'est ce qui se passe actuellement pour la France. Reste dans ce cas à découvrir les causes de ces insuffisances d'investissement.

Rien ne dit qu'*a priori* une baisse des investissements de diverses natures soit due à un effondrement inéluctable des seules perspectives de rendement. En effet, l'histoire économique récente des pays développés montre que les productivités marginales des facteurs, c'est-à-dire leurs rendements théoriques, ne sont pas particulièrement basses ou épuisées. Les opportunités de projets fructueux existent donc ainsi que des espoirs légitimes d'un niveau de vie futur plus

---

capacité supérieure, sans investir grand-chose conjointement ni en niveau technique ni en travail ni en capital humain.

élevé que celui de la situation présente [Francesco Caselli et James Feyrer (2006)].

Le modèle dégage donc l'idée d'un chemin effectif de croissance qui, au moins *a priori*, n'est pas contraint par une insuffisance globale de rendement. Relancer la croissance est donc probablement affaire de libération des forces, c'est à dire d'intensité et de structure des investissements effectifs année après année.

Encadré 3-2 Les productivités marginales, expression des rendements bruts

Equations (3)

$$PmK = dY/dK = O.\ (\alpha_K).\ L^{\alpha}{}_L.\ H_1{}^{\alpha h}{}_1.A^{\alpha A}.\ K^{(\alpha_K - 1)}$$

$$PmH1P = dY/dH1P = O.\ (\alpha_{h1})\ .\ L^{\alpha}{}_L.\ A^{\alpha A}.\ K^{\alpha K}\ H_1{}^{(\alpha h_1 - 1)}$$

$$PmA = dY/dA = O.\ (\alpha_A)\ L^{\alpha}{}_L\ .\ H_1{}^{\alpha h1}.\ K^{\alpha}{}_K\ .\ A^{(\alpha_A - 1)}$$

$$PmL = dY/dL = O.\ (\alpha_L).\ H_1{}^{\alpha h}{}_1.A^{\alpha A}.\ K^{\alpha K}.\ L^{(\alpha_L - 1)}$$

Quelques remarques sur ces équations de rendement : chaque productivité marginale dépend négativement de la quantité du facteur considéré, ce qu'on connaît sous le nom de loi des rendements décroissants. Chaque rendement dépend aussi positivement de la quantité **des autres** facteurs de production, ce qu'on ne connaît sous aucun nom, mais qui représente peut-être le principe le plus fort de la théorie du développement : la progression des trois facteurs complémentaires « recharge » en permanence le rendement d'un facteur particulier, ce qui explique par exemple que la « baisse tendancielle du taux de profit du capital » de Karl Marx n'a été qu'un mythe !

Il s'agit ici du rendement brut, sans qu'il soit tenu compte de l'usure du facteur et de la nécessité d'en remplacer une part, part qu'il faut donc enlever pour obtenir le rendement « net ».

Deuxième partie : De quoi dépendent les investissements ?

Ainsi les taux d'investissement reconstituent ensemble la croissance du produit. « MIE » réunit les chemins[22]de progression des cinq facteurs[23] auxquels on soustrait *in fine* la croissance démographique **n** pour passer à la progression du produit par tête (voir le schéma à la fin de cet essai). La place et le rôle de l'Etat s'invitent pratiquement dans chacune de ces progressions dont elles constituent souvent des déterminants importants, en bien ou en mal.

C'est leur temporalité qui distingue entre eux les facteurs et leurs investissements respectifs. On a pris l'habitude de dire que la croissance économique est un phénomène de long terme. Il serait plus judicieux de considérer que la croissance est un phénomène qui se lit à long terme et se déroule en continu ou, pour prendre une image un peu plus poétique, dire que la croissance est la « vie montante d'une économie » où chaque instant compte et peut être décisif. Cette remarque générale vaut

---

[22] On verra le graphique-tableau exprimant ces chemins en fin d'essai.

[23] On parle tantôt de cinq et tantôt de quatre facteurs. Parmi les cinq facteurs effectifs décrits, le facteur d'organisation O est présenté comme un facteur d'échelle pour lequel il est moins facile de parler de fonction d'investissement. Ceci n'évacue en rien l'idée qu'il varie et que les acteurs privés et publics peuvent le faire augmenter ou diminuer par leurs actions.

aussi pour chacun des différents facteurs associés mais à des degrés divers. Les temps de réalisation des investissements sont en effet très variables d'un facteur à l'autre. Combien faut-il de temps pour mettre en place une nouvelle usine ? Pendant combien de décennies et après combien de politiques bien orientées peut-on modifier l'environnement et l'organisation nationale et internationale de production ? Quel est le délai de production d'une innovation ? Hugues Aufray chantait aussi : *« Pour faire un homme, mon Dieu que c'est long ! ».* Chaque investissement a donc son propre rythme et *grosso modo* les additions de capital physique sont plus rapidement mises en œuvre pour engendrer une croissance, même si cela dépend de la nature du projet, des investissements joints portant sur plusieurs facteurs en même temps ...

La croissance économique est ainsi changeante et dépend d'une conjoncture dont elle n'a pas lieu d'être détachée. L'analyse qui sépare *a priori* la tendance et les fluctuations est d'une facilité dangereuse. La distinction analytique *a priori* entre mouvements de court terme et de long terme a trop tendance à faire croire que ces derniers sont inéluctables et en quelque sorte « garantis » quoi qu'il se passe sur le moment ; mais la croissance économique qui ne s'est pas produite est souvent définitivement perdue. Ceci dit, *a posteriori*, il est toujours loisible d'analyser une série statistique en opérant la décomposition du long et du court terme ; c'est même souhaitable, ne serait-ce que pour constater que les objectifs de croissance moyenne sont atteints.

(1) Aux origines du facteur « O »

Le facteur « O » est un ensemble de nombreux caractères en rapport avec l'organisation, la gestion et l'environnement des productions. La gestion des entreprises, l'organisation du travail, les relations professionnelles et les syndicats impactent son efficacité. C'est aussi l'expression d'actions publiques : réglementations diverses, droit du travail, équipements publics et infrastructures, justice de droit privé ou de droit public, droit de la concurrence interne et extérieur, négociations internationales sur les échanges, puissance nationale dans la mondialisation, régime et organisation monétaire. Tous ces facteurs pèsent ou influent favorablement sur l'efficacité productive.

Pour tous ces éléments, précisons d'abord qu'il s'agit des pratiques effectives des institutions, du droit et de la gestion, débordant la vision naïve des points de vue « juriste » et de beaucoup de statistiques officielles[24]. Un autre aspect d'importance est la grande difficulté à saisir les perspectives de changement de l'organisation par des fonctions de progression aptes à les repérer : certains changements d'organisation économiquement profitables peuvent tantôt coûter cher et tantôt ne rien coûter du tout, sinon l'effort d'intelligence des réformes utiles ; certains encore, favorables ou défavorables, se produisent de façon brutale en sous-produit d'évènements révolutionnaires sanglants : Révolution Française, Révolution Culturelle Chinoise, ou pacifiques : les réformes de De Gaulle ou celles de Deng Xiaoping par exemple.

« Investissements » ou « équipements » publics ?

Ce que l'on appelle les « investissements publics » sont seulement des « équipements » dont le profit et les motivations sont mal définis. Ils ne sont pas soumis *a priori* à évaluation

---

[24] On se méfiera beaucoup des données internationales standardisées qui portent assez souvent la marque d'un certain angélisme, quand les réalités ne correspondent pas aux fictions officielles. Nous y reviendrons un peu plus loin.

effective coûts-bénéfices et ne sont pas sensibles au risque. En outre, leur groupe est hétéroclite, comportant par exemple des équipements destinés à une consommation finale à côté des infrastructures utiles à la production. La consommation directe de services publics n'obéit pas au principe de souveraineté du consommateur et la pratique française récente montre que le détour démocratique n'est généralement pas apte à garantir leur contenu en bien-être. De plus, bien qu'on ait pu lire de nombreux textes sur ce qu'il est convenu d'appeler « les dépenses d'avenir », il n'est pas facile de délimiter une frontière précise entre les catégories d'équipements. Dans leurs travaux, David Aschauer (1989) et Robert Barro (1990) soulignent à bon droit leur contribution à la croissance mais n'apportent rien de probant pour la mesurer.

Lois et règlements

Par O, l'action de l'État et plus généralement du secteur public concerne aussi les lois, les interdits et les règlements ainsi que tous les secteurs de justice et d'arbitrage administratif. Contrairement aux équipements, plutôt utiles en eux-mêmes, ces actions publiques ont en continu un impact tantôt positif et tantôt négatif sur la production nationale. L'abus de réglementation et les accords internationaux passés sur les produits et les modes de production, certains principes érigés en lois et la « graisse de mammouth » administrative et réglementaire qui en découle, peuvent avoir un effet nettement néfaste sur la production et la croissance, bien au-delà du problème de financement et de fiscalité évoqué par certains modèles. Il apparaît que dans les pays anglo-saxons, la judiciarisation de la société bloque la production de certains services, un phénomène qui se répand comme un feu de brousse et touche la France au cœur depuis une vingtaine d'années, notamment par l'application du principe constitutionnel de précaution ; on peut noter à cet égard le luxe de procédures prudentielles et même d'inhibitions dont s'entourent déjà les activités de certains médecins, enseignants ou autres. Le risque est clairement d'oublier cette société de bonhomie et de confiance[25] qui demeure l'une des forces d'une société économique.

Certes, toutes les décisions nouvelles des pouvoirs publics n'ont pas un effet négatif et il en est même de profitables comme celle qui a abouti aux « bus Macron » par exemple. Convenons pourtant qu'après quelques décennies d'une dérive obsessionnelle vers la transparence et la précaution, harassée par la pression des médias formels ou informels, l'évolution administrative et réglementaire n'est probablement pas favorable aux initiatives et à la croissance économique. Indépendamment de son caractère libéral ou autoritaire, l'Etat devient obèse !

L'évolution portée par les lois et pratiques réglementaires n'est pas celle des « institutions », le concept bien rodé mais exagérément naïf de la plupart des théories de la croissance. Derrière les mots du Droit et de l'apparence, se cache la réalité du fonctionnement effectif des pouvoirs publics qui inclut de surcroît les qualités et défauts pratiques liés aux tempéraments nationaux, habitudes et coutumes bonnes ou mauvaises, en particulier le clientélisme ou la corruption. Aucun pays du monde n'a de classe politique ni de fonction publique administrative ou judiciaire correspondant à l'« idéal » de ses textes et qu'on se devrait d'inscrire sans examen critique dans les multiples classements internationaux. Encore une fois, ce qui importe pour la croissance et pour O ce sont les conditions

---

[25] Depuis le confinement policier que nous vivons en 2020, on a pu évidemment faire une « croix dessus » !

administratives et judiciaires « effectives ». Ceci nous amène à considérer que la quantité et la qualité de décisions contribuant effectivement à une valeur forte de O sont en lien étroit avec la culture entrepreneuriale et de prise de responsabilité **H2ER** quand on la considère pour les diverses administrations publiques et privées.

Ouverture et puissance

Comme aux moments clefs de l'histoire économique, celui de la Révolution Industrielle par exemple, les conditions liées à la mondialisation ont une très grande importance. Elles se manifestent de deux façons qui semblent à première vue contradictoires :

D'abord, l'ouverture internationale et la concurrence entre firmes des divers pays qui favorisent les débouchés et la recherche de réduction de coûts. Sa théorie est celle du commerce international qui nous enseigne que l'ouverture, la spécialisation internationale et l'extension des marchés sont des forces favorisant la production et ici la croissance. C'est un facteur qui échappe largement aux décisions nationales, sous réserve de ce qui suit.

Ensuite, comme au temps du mercantilisme, la position de puissance des nations **H5(PU)** dans le concert international, puissance « dure » des armes mais aussi « soft power » ou en français, la « puissance feutrée » de Gérard Chialand (2018). Cette position de puissance sert en particulier à défendre ou imposer ses normes et ses valeurs éthiques sur le long terme. Comme les précédentes, notre époque est marquée par des conflits de puissance où les Etats-Unis, la Chine, la Russie … jouent les premiers rôles. Au-delà, chaque pays, petit, moyen ou grand, mesure sa place et ses ambitions et doit comprendre en quoi ses alliances, allégeances, préparation militaire, interventions et influence linguistique, culturelle et morale lui permettent d'affronter les réalités économiques associées à l'ouverture et d'en tirer profit pour sa croissance. Dans le monde réel, la puissance est une caractéristique de la mondialisation, un catalyseur des effets bénéfiques de l'ouverture sur l'économie nationale et une défense contre ses effets négatifs. Rappelons qu'il s'agit d'une des formes de la culture globale d'un pays, forme particulière certes puisqu'elle se met en œuvre dans la guerre économique internationale, l'un des deux aspects clefs de la mondialisation.

Progrès d'organisation privée

C'est l'une des variantes schumpetériennes de progrès technique au sein des firmes ou dans l'organisation des professions. Avec une même quantité des divers facteurs, il est possible de produire plus et à moindre coût sous l'effet de mesures prises en interne, assez souvent à notre époque en tirant parti de progrès dans la communication. Leur place dans la qualité de l'organisation se justifie par leur caractère pluriel car ils ne s'incorporent dans aucune forme particulière de facteurs. Il s'agit pourtant de vrais investissements d'administration des entreprises et gestion et, à ce titre, sont en lien avec cette forme de culture humaine spécifique que l'on qualifie d'esprit d'entreprise H2ER.

Sûreté

La sûreté des personnes et des biens a déjà été en partie évoquée à propos de la « société de bonhomie et de confiance » mais plus généralement la combinaison des facteurs en dépend. Au-delà du contexte juridique déjà présenté, le niveau de sécurité des personnes et des biens, obtenu par les gens eux-mêmes et les pouvoirs publics, influence favorablement la performance de la fonction de production en réduisant les incertitudes.

En achevant ce tour d'horizon, on s'aperçoit que des éléments fort différents le composent et que leur impact n'est pas facilement rattaché à la production par une relation mathématique bien définie. Ceci tient soit à la nature arbitraire et publique de ses composants, soit à la difficulté de les mesurer, soit enfin à leur nature d'investissements mixtes. Mais cela n'empêche nullement de les identifier et de présenter quelques-unes des variables clefs qui contribuent à O : l'effort d'équipement public, les systèmes juridiques et administratifs de droit public et de droit privé, l'ouverture sur l'extérieur contrôlée par un facteur de puissance et les procédés de gestion.

La résultante de tous les mouvements d'organisation O est incertaine. Ce qui est sûr, c'est qu'à aucun moment on ne peut décréter que le taux de croissance de O est constant dans le temps. Dans un programme politique, les actions à mener dans ce domaine sont rapides, cruciales et souvent gratuites car la lucidité et la simplicité ne coûtent pas plus cher que l'aveuglement et la complexité. C'est donc un levier efficace à court terme.

(2) Fonction d'investissement productif en capital physique

L'investissement en capital physique est très souvent considéré comme l'indice privilégié de croissance et son insuffisance pourrait bien expliquer la stagnation observée dans nombre de nations développées. L'un des signes qu'un pays est sur une bonne voie de la croissance c'est l'augmentation du rapport capital/produit ; certes, cette augmentation concerne toutes les catégories de capital, y compris humain, mais le « marqueur » principal et le plus opérationnel est celui du capital physique productif parce qu'il est plus vite sensible aux changements du potentiel et de l'environnement. Une « bonne » fonction d'investissement effectif est donc au cœur de tout modèle de croissance.

L'investissement en capital physique dépend surtout des perspectives de profit net et de la capacité des entrepreneurs à faire face au risque[26]. Celui-ci est en effet inséparable de tout projet et l'obstacle principal sur la route vers la récompense que l'investisseur attend. Le risque a une nature hybride, d'une part pour les performances techniques du projet et pour sa mise en œuvre économique. À remarquer qu'en la matière, tout est affaire de prévision et ce n'est pas le profit net, constaté après coup, qui est déterminant pour l'investissement contemporain mais sa prévision par les agents. L'appréciation actuelle des occurrences futures du profit, que l'on peut formaliser par une fonction de densité de probabilité ou de répartition, est la base des décisions d'investissement. Elle englobe tous les éléments d'offre et de demande à envisager *a priori*.

L'incertitude ressentie par les décideurs vient donc de deux types de causes : celles qui sont en rapport avec les éléments particuliers du projet et celles qui sont reliées à la situation générale de l'économie, la conjoncture future principalement.

Le profit net attendu est lié négativement à l'intensité des prélèvements sur les bénéfices, les revenus et la fortune. Cette variable est particulièrement importante dans le cas des pays développés. On sait à quel point certains pays ont profité de leur faible taux d'imposition sur les bénéfices, l'Irlande et la

---

[26] C'est pourquoi dans cet ouvrage, le terme « investissement » est employé pour exprimer la présence d'un projet intertemporel risqué.

Bulgarie en Europe par exemple, et à quel point aussi des pays comme la France se tirent constamment « une balle dans le pied » avec des taux de 33 % et plus. Si cette influence est surtout mise en avant à propos de l'attraction des investissements étrangers, elle vaut tout autant pour des séries d'investissements intérieurs. L'incertitude sur le profit net et l'inhibition qui en résulte se maîtrisent par la présence et l'intervention de la culture humaine de type entrepreneurial H2ER qui joue le rôle de **catalyseur d'investissement**. Sa nécessité est encore accrue du fait que l'incertitude sur le profit est celle de projets multi-facteurs mettant en jeu plusieurs types d'accumulation et donc plusieurs rendements associés à leurs risques : capital humain, travail, innovations techniques.

Tous les aspects d'un projet d'investissement sont donc à considérer. Lorsqu'il implique des embauches, l'acquisition de culture productive et de progrès technique, ce projet encourt les bénéfices et les risques relatifs à toutes ces catégories. C'est en considération de cette diversité et du risque multiforme qu'elle implique que le facteur entrepreneurial H2ER est le bon catalyseur de l'investissement.

Enfin, l'investissement dans le capital reproductible étant concurrencé par les spéculations sur les actifs existants, les comparaisons de risques rendent les situations encore plus difficiles à saisir. En effet, le capital productif renouvelable n'est qu'une partie du stock des actifs possédés dans l'économie nationale. Les constructions anciennes, les terrains ainsi que d'autres actifs anciens réels ou financiers font aussi partie des patrimoines. Les agents ont donc souvent la tentation de se porter acquéreurs de ces éléments et d'en faire monter le prix sans pour autant accroître le capital productif. Cette tendance peut être plus marquée pour certains pays où les perspectives d'investissement profitable sont d'emblée plus faibles, les pays en stagnation ; de même une politique monétaire de taux trop bas est souvent un encouragement au détournement vers les bulles d'actifs financiers concurrençant l'investissement productif. En certaines circonstances, elles peuvent même l'étouffer, parfois avec l'encouragement des autorités.

On rejoint ici, de façon spéciale, le mécanisme hayekien des investissements inappropriés dont l'accumulation hypothèque les chances de succès des opérations saines, à la fois en les privant de moyens dans la phase montante du cycle et en les entraînant ultérieurement dans leur chute. Ces éléments renforcent la nécessité d'une formation avisée de la culture humaine entrepreneuriale H2ER de maîtrise du risque, seul capable d'éviter les emballements et illusions et de contrer certaines tendances moutonnières des systèmes financiers.

Ces réflexions éclairent bien une des raisons pour lesquelles l'instabilité économique liée aux crises économiques et financières peut être préjudiciable au processus d'accumulation de nouveau capital.

L'incertitude objective résultant de la conjoncture est réduite par l'efficacité des politiques monétaires et budgétaires pour stabiliser l'économie, éviter les crises et assurer ainsi une régularité des conditions de demande et d'offre globales. Ce facteur positif est donc la qualité de la politique conjoncturelle QPC.

Éviter les crises est très important parce qu'une crise peut rendre durablement plus pessimistes les prévisions de profit, allant jusqu'à l'obsession des valeurs extrêmes de perte ; elle peut aussi désorganiser ou interrompre les circuits de financement. Indépendamment des questions fiscales, si l'on suppose fixé à l'avance le rendement moyen, l'action de l'État et des banques centrales en faveur de la stabilité a un impact positif sur le rythme d'investissement.

L'importance de la qualité de la politique conjoncturelle avait été oubliée par la théorie standard de la croissance parce que celle-ci négligeait trop l'impact durable des fluctuations. Mais il suffit de considérer le bilan de croissance de l'entre-deux guerres pour convenir, avec Friedrich Hayek ou avec Milton Friedman, qu'une politique monétaire mieux avisée et moins imprudente aurait pu rehausser ce bilan de façon significative[27]. Ce constat vaut aussi à l'évidence pour les vingt-deux premières années de la Zone Euro dont la croissance s'est trouvée fortement minorée dans de nombreux pays par les crises de 2008, 2011 et 2020[28].

Pour compléter ce tableau relatif à la fonction d'investissement, notons qu'à une époque de mondialisation, les investissements en capital physique qui se réalisent dans les divers pays du monde tiennent compte des attractivités nationales comparées, ce qui implique qu'une certaine quantité d'entre eux se détermine à la fois à partir des variables nationales détaillées ci-dessus (rendements et ses composantes, impôts etc.) et des grandeurs analogues dans les pays étrangers.

---

[27] À noter que l'influence d'une bonne prévention des fluctuations sur les investissements et la croissance se conjugue avec une causalité inverse telle que la forte croissance du PIB et ce qu'elle implique de rentabilité des investissements en capital productif, restreint les risques d'instabilité et de crise financière. Elle le fait notamment en réduisant, au travers d'une politique monétaire moins laxiste, les tentations spéculatives du système financier ainsi que les déficits publics. C'est une sorte d'effet « boule de neige » jouant de façon favorable pour les pays dynamiques et défavorable pour les pays matures.

[28] Voir Bernard Landais (2019) ainsi que l'Essai 4 infra.

Idéalement, dans une « bonne fonction d'investissement », toutes les variables explicatives seraient démultipliées par l'effet de la concurrence internationale. C'est d'ailleurs sur la base de ce processus que se mettent en place et se déforment les « avantages comparatifs » mis en évidence par la théorie du commerce international. La variable d'ouverture **Ouv** est chargée de signifier, pour chacun des facteurs en jeu, que la dimension de concurrence internationale est présente au moment des choix des entrepreneurs. La puissance **H5PU** de la nation doit encore lui être associée prioritairement puisque l'une des destinations de cette puissance est de promouvoir les investissements nationaux, de contrôler les organes de financement des investissements entrants ou sortants et de développer la production de services internationaux de haut niveau sur la longue période. Une ultime variable, la culture scientifique **H3SC** explique l'ampleur de l'investissement en capital physique ; ceci tient à la nature mixte des projets d'investissement programmés par les entrepreneurs. Quand des progrès techniques apparaissent possibles ils s'incorporent souvent dans de nouvelles machines à concevoir et à mettre au point. Ainsi l'investissement en capital physique dépend de tous les éléments favorisant l'accumulation des nouveaux procédés A et en particulier la culture scientifique H3SC, la base de lancement des nouvelles inventions.

Le financement ?

Reste enfin la question du financement et de son coût. Si l'entrepreneur évalue son profit futur, il le fait en tenant compte des taux d'intérêt qu'il doit payer ou qu'il pourrait obtenir pour un placement de ses actifs. Dans un système où il n'existerait pas de moyen autre que l'épargne, on aurait probablement quelque difficulté à financer les investissements à un taux convenable et ce serait un goulot d'étranglement possible, les taux de profit anticipés nets étant trop faibles pour décider des projets ; ou bien encore leurs auteurs ne sauraient trop comment persuader les épargnants de partager les risques avec eux. Comme le soutenait Joseph Schumpeter, le crédit bancaire et l'intermédiation éloignent ces limites et le financement négocié est généralement une étape positive qui aide à sélectionner continûment les dépenses d'investissement les plus rentables. Pour toutes ces raisons, les modèles de croissance macroéconomiques les plus connus ne tiennent généralement pas grand compte des taux des prêts et se bornent à vérifier la présence d'un secteur de crédit suffisamment développé. C'est dans ce domaine particulier, une expression de la faible attention portée à l'effectivité des investissements. En conséquence, seuls les pays en début de croissance ou peu développés financièrement attachent de l'importance à cette question.

Néanmoins, le problème de financement réapparaît en élargissant l'analyse à l'examen des fluctuations et des crises. L'une des caractéristiques de ces dernières est la succession d'engouement et de pessimisme et souvent ces instabilités ont pour siège le secteur financier. Par conséquent deux types de dangers guettent effectivement les porteurs de projets productifs :

Le premier danger, en amont de la crise, est constitué d'une pratique financière biaisée parfois durablement par les engouements de bulles immobilières ou mobilières et d'augmentation de la valeur des actifs. Les investissements qui augmentent le capital productif souffrent de la concurrence des placements de type spéculatif qui détournent et fixent sur des bulles l'épargne prêtable et les crédits bancaires. Le simple fait d'offrir des rendements plus élevés sur des placements non productifs et dont la dangerosité est longuement masquée, est une incitation à ne pas entreprendre de projets productifs aux rendements supposés plus modestes.

Le second danger est le tarissement des financements pendant et après une crise économique et financière. On observe toujours une grande sensibilité des dépenses d'investissement durant les épisodes cycliques. De plus, beaucoup de projets industriels comportent des enchaînements de phases et des tranches successives de réalisation. Friedrich Hayek avait déjà mis en évidence la nécessité et parfois la difficulté de compléter les projets multi-annuels face aux aléas de la conjoncture. Les crises sont donc à l'origine de creux dans les investissements mais aussi d'un déclassement accéléré du capital en place□□le taux de dépréciation des capitaux physiques devenant plus élevé pour certains de ceux qui avaient été réalisés avant le début de la crise. En effet, les dépressions ou récessions changent les itinéraires d'expansion des structures productives. L'accroissement du capital est donc doublement réduit et se transforme parfois en baisse.

Pour ces raisons, les conditions de financement doivent être considérées. Se pose alors la question du comment : on étudiera plus loin le rôle de la politique monétaire, l'une des façons dont les banques centrales assurent ou détruisent la stabilité conjoncturelle. Par ailleurs, des dispositions fiscales et règlementaires jouent un rôle en faveur ou contre les financements d'investissements productifs et envers les possibilités d'utiliser exagérément les crédits à des fins de spéculation. La crise des « subprime » a montré qu'au-delà des imprudences bancaires et financières, la politique fédérale des années antérieures était gravement impliquée par ses aspects fiscaux, budgétaires et sociaux.

La relation finale d'investissement devrait alors retenir les éléments suivants : **le rendement**, qui dépend aussi de l'engagement des autres facteurs complémentaires, **les prélèvements** qui le réduisent au rendement net, le risque présent dans ses trois dimensions (moyenne, dispersion et probabilités de valeurs extrêmes), **le facteur entrepreneurial**, c'est-à-dire la présence d'une culture de prise et de gestion du risque, **les facteurs d'ouverture, de concurrence internationale et de puissance**, le **taux de dépréciation** plus ou moins rapide du capital engagé associé à la **qualité de la politique de contrôle de la conjoncture** et d'évitement des crises et enfin une **organisation légale et administrative** publique plus ou moins favorisante.

La relation qui vient ainsi d'être rédigée dans l'optique de la croissance n'a aucune raison d'être cantonnée au long terme. Elle doit être considérée tout autant comme la fonction pertinente pour l'analyse des fluctuations. **La fonction d'investissement est réellement le pivot de l'analyse macroéconomique, à l'intersection des champs d'analyse de court et de long terme et la preuve qu'ils ne doivent ni ne peuvent être séparés**. C'est particulièrement exact pour l'investissement en capital physique mais ce peut être également vrai pour les efforts visant aux progrès techniques. A cet égard, tout dépend de la temporalité des investissements en cause : par exemple, on peut légitimement douter que les acquis en culture humaine soient fortement influencés par des éléments passagers sauf si ces derniers en perturbent gravement les perspectives[29].

---

[29] Ce qui peut être le cas pour des crises graves comme celle des années 1930 ou encore celle de 2020.

(3) L'accumulation de culture humaine professionnelle H1P

La culture H1P est celle qui est directement engagée dans la production de biens et services. Indissociable du travail mis en œuvre il s'agit donc d'un immense stock de connaissances et de savoir-faire qui s'accrochent et se combinent au travail impliqué dans la production de biens et services. Dans le passé, les théoriciens de la croissance qui parlaient de la « qualité du travail » sont passés au « capital humain » ; la plupart des problèmes que cela posait ne sont pas pour autant résolus. La culture H1P est une fiction hétérogène à l'instar des autres agrégats et son mode d'évolution est particulièrement complexe car il s'agit d'un ensemble associé aux personnes en activité. De ce fait, les éléments démographiques et économiques qui commandent la population active y sont étroitement imbriqués aux problèmes éducatifs ou liés à la structure qualitative des processus de production. Cette dernière est en perpétuelle évolution, sous l'effet des orientations techniques et des spécialisations imposées par la concurrence internationale. Dans tous les pays du monde, la contribution de l'école à la formation du capital humain H1P est donc un phénomène difficile à maîtriser théoriquement mais surtout empiriquement.

Le nombre d'années d'études est un indicateur très imparfait du niveau de culture humaine productive. Personne ne peut dire avec certitude que 17 années d'études dans un contexte A apportent plus de culture que 16 années dans un autre contexte B et ceci est très visible dans les pays développés tels que la France. Ces dernières décennies, l'allongement de la durée des études apparaît plutôt comme l'expression d'un rattrapage de qualité, une réponse retardée à l'indifférenciation des cursus et comme l'un des aspects du traitement social du chômage des jeunes.

Le pourcentage d'enfants ou de jeunes scolarisés aux divers stades de la formation offre sans doute une meilleure image de l'effort fait pour la culture humaine H1P mais ceci vaut surtout aux premiers stades du développement pour la scolarisation de base. Les slogans démagogiques, incitant par exemple à atteindre un pourcentage de bacheliers pour une génération, cachent mal les vraies difficultés d'accumulation de culture humaine. De même, surtout en France, l'aspect « sélection » est tabou, or c'est l'un des moyens d'allocation optimale de la culture humaine, c'est à dire de l'équité et de son efficacité dans la fonction de production. Il est peu de questions relatives à la croissance où les logiques économiques et politiciennes sont aussi éloignées.

Restent enfin les problèmes de la qualité et de l'orientation des enseignements qui doivent assurer les besoins d'autres formes de culture humaine, complémentaires mais aussi concurrentes. A quantité d'effort éducatif donné, le problème devient celui de la composition optimale. En France, depuis quelques décennies, la culture productive H1P est **relativement** favorisée par la non sélection et l'égalitarisme ambiant mais nous verrons pourtant qu'elle est malgré tout sur une pente descendante.

On voit bien la difficulté de mesurer la culture humaine de production. Dans beaucoup de travaux empiriques d'économie, l'évaluation du capital humain se fait par différence, en fonction des écarts de salaire entre le travail qualifié et le travail non qualifié. Le détour se fait par la rémunération, censée se conformer à l'égalisation des rendements marginaux. Aux Etats-Unis, en s'appuyant sur des modèles néoclassiques à trois facteurs et progrès technique exogène, la contribution du capital humain à la production s'apprécie comme à peu près équivalente à celle du travail et à celle du capital physique avec une élasticité de production et donc une part des revenus égale approximativement au tiers.

Investissement en culture professionnelle

À première vue, la fonction d'investissement en culture H1P pourrait ressembler à celle du capital physique. Les individus et leur famille accumulent du capital humain et font des sacrifices de consommation si le jeu en vaut la chandelle, c'est-à-dire si le profit net attendu des années de formation et de toute autre dépense en rapport est suffisamment élevé. On doit donc déjà sélectionner le rendement net comme l'une des variables clef de cette attente et en amont, les variables diverses qui la déterminent. On y retrouve encore l'effet positif des quantités des autres facteurs disponibles et l'effet négatif de la quantité déjà acquise de culture humaine professionnelle. Il est normal en effet que les économies déjà largement dotées en connaissances et talents productifs leur allouent un rendement plus faible à la marge.

Au-delà, l'analogie continue parce que, tout comme le profit attendu du capital physique supplémentaire, celui de la culture humaine est entaché d'incertitude. C'est d'autant plus vrai pour la culture humaine que le temps de gestation de l'investissement est plus long. Dans le passé, certaines générations ont espéré un rendement élevé de leurs investissements éducatifs et ont dû se contenter finalement d'une carrière plutôt décevante. Certaines professions, les professeurs par exemple, ont vu leur statut social et financier se dégrader considérablement en quelques décennies[30]. Les personnes concernées se retrouvent

[30] Les professeurs français sont parmi les plus mal payés d'Europe, en dessous de la moyenne OCDE. En quelques décennies, ils sont passés

fréquemment piégées et pénalisées financièrement par leurs choix initiaux.

Cette sorte d'investissement s'assimile à un long détour de production, analogue à celui que Friedrich Hayek a mis en lumière pour les investissements matériels ; les cycles de formation doivent être complétés ; l'effet d'apprentissage « sur le tas » (learning by doing) ne joue que si les emplois durent et d'autant plus que l'organisation au sein de l'entreprise le favorise. Les règles d'organisation sociale ont aussi un rôle, par exemple l'âge de la retraite ainsi que les perspectives de prélèvements et la progressivité de l'impôt qui touche particulièrement la culture humaine productive. La recherche d'une égalisation des revenus par l'impôt réduit l'intérêt de l'accumulation de culture humaine H1P. Les « classes moyennes et supérieures » françaises, victimes des politiques socialisantes qui annulent les bénéfices de leurs investissements passés en culture humaine productive, se sentent flouées. Instruits de cette expérience, certains jeunes talentueux, préfèreront alors valoriser leur formation hors du territoire national. L'ouverture Ouv affecte donc les investissements en culture humaine productive sous toutes les formes et, bien évidemment, cela comprend les phénomènes d'émigration nette dans le cas des pays pauvres et d'immigration nette dans le cas des pays riches.

On doit donc reconnaître les aspects personnels de l'investissement en culture humaine H1P et dans certains pays, notamment là où l'enseignement est payant, le calcul économique individuel y prend une place importante. Ces aspects « personnels » sont fondamentaux pour les niveaux les

---

du statut de bourgeois respecté à celui de fonctionnaire d'exécution noyé dans la masse.

plus élevés ou plus spécialisés de l'éducation reçue et la formation permanente à l'intérieur ou hors de l'entreprise. Ils commandent les « écarts » creusés entre la formation de base souvent obligatoire et les niveaux élevés ou spécialisés que détermine l'engagement personnel ou familial et sont donc prioritaires pour expliquer la progression de H1P. Il est aussi nécessaire de faire entrer en ligne de compte le capital-santé H7SA et la volonté de réussite H6V. Les remarquables travaux de Thomas Sowell (1981 et 1983) pour les Etats-Unis, confirment que les différents groupes de migrants se sont d'autant mieux intégrés et ont atteint les niveaux les plus élevés de revenus qu'ils donnaient une plus forte priorité personnelle et familiale à l'accumulation de la culture humaine productive[31]. Ce fut aussi bien sûr le cas des familles des milieux populaires dans la France des XIXème et XXème siècles. Les aspects culturels, notamment la place du travail et de la volonté de réussite H6V, sont ainsi présents en permanence dans ses études sur l'ascension sociale réussie, certes distincte d'une croissance nationale, mais y contribuant tout en obéissant à des ressorts comparables.

Presque partout, la progression de H1P est aussi affaire d'investissement public et d'offre subventionnée où le caractère public de la formation initiale domine. On peut le relier à ce qui précède en disant que les dépenses publiques et équipements réduisent les coûts et par conséquent augmentent les profits nets tirés de la culture humaine accumulée. De plus, dans bien des pays, l'instruction est obligatoire jusqu'à un certain âge, ce qui règle la question du calcul personnel pour les niveaux les plus

[31] En relisant son « Race, politique et économie », traduit par Raoul Audouin en 1986, je mesure à quel point son interprétation du capital humain aurait dû prévaloir sur les sèches présentations économétriques du courant dominant. A 33 ans de distance, j'ai senti à quel point je lui devais mes idées.

bas de la formation. On retrouve donc les variables exprimant l'action et les équipements publics en chargeant cette dernière expression K_{pub} de représenter aussi la variation des dépenses publiques courantes d'éducation.

Dans les pays peu développés, les calculs personnels sont moins déterminants pour assurer la progression de la culture humaine H1P globale[32]. Le rôle principal y échoit surtout aux dépenses publiques d'éducation même si dans beaucoup de pays le secteur privé confessionnel contribue largement à la formation. Dans un pays comme la France au contraire, une progression de la culture humaine sur la longue période requiert une combinaison des intérêts publics et personnels et redonne à ces derniers une plus grande importance. C'est en se conciliant ces intérêts personnels que les gouvernements des pays développés peuvent espérer voir croître encore un niveau déjà élevé de connaissances et d'aptitudes. Ils gardent souvent le contrôle partiel de l'offre par leurs établissements, leurs programmes et les règles de décernement des diplômes. Dans certains pays du monde, où le financement des études est plus largement privé (Etats-Unis, Chili...), l'accroissement global de la culture humaine de production correspond plus nettement encore aux canons d'un investissement classique.

On se sert d'enquêtes essayant de déterminer la qualité des performances éducatives mesurées auprès des élèves et étudiants au niveau international. Elles sont un outil précieux pour montrer ce que les nouvelles générations apprennent et retiennent en ce moment. À elle seule, cette information à la marge temporelle ne suffit pas à caractériser la valeur et

---

[32] Hormis en ce qui concerne la volonté de réussite H6V souvent forte chez les plus pauvres mais dépendant des facteurs culturels et religieux.

l'évolution contemporaines de la culture humaine productive mais le remplacement éventuel de générations bien formées par des générations moins bien formées est lourd de conséquences. Ces enquêtes alertent sur la qualité et la quantité de l'investissement en capital humain ou cultures des différents types et suscitent quelquefois des réflexions légitimes et des redressements nécessaires, comme nous le verrons ultérieurement dans le cas français. À ce titre elles fournissent des images relatives mais précieuses de l'intensité et des tendances à moyen terme des investissements (pour H1P et H3SC principalement). Dans la fonction d'investissement[33], les taux de croissance du capital physique et du niveau technologique, respectivement dLogK et dLogA, prennent en charge des « effets d'apprentissage ». Ceux-ci contribuent à la progression du capital humain en rehaussant en permanence leur efficacité. Le terme de dépréciation δ_{h1} correspond à la rotation démographique □ainsi qu'à une multitude de pertes de compétences, souvent causées par les mouvements dans l'emploi et le chômage.

(4) Fonction d'accumulation de nouveaux processus techniques

Nous cherchons maintenant à montrer quelques déterminants du taux de croissance de A, le stock d'innovations et de procédés dont dispose l'appareil productif. Le schéma retenu est proche des précédents. Dans le but de montrer de quoi dépend le taux de croissance de A, il est fait appel aux motivations traditionnelles des investissements, c'est-à-dire le taux de rendement anticipé. En effet, s'il est possible d'augmenter A d'autres façons, l'essentiel de la progression est redevable aux efforts entrepris en recherche et développement. Comme

[33] La fonction est proposée dans l'encadré 3-3

indiqué à propos du capital physique K et pour la culture humaine productive H1P, les efforts visés correspondent à des projets menés dans un climat d'incertitude par des agents, essentiellement les entreprises, motivés par le profit attendu. On se souvient aussi que les investissements concrets examinés possèdent souvent un caractère mixte, les additions prévues de K, H1P et A étant étroitement mêlées dans les projets. C'est particulièrement vrai en ce qui concerne les innovations techniques, presque toujours associées à la mise en place d'un investissement matériel. Ainsi, la première variable d'intérêt est le rendement net anticipé de l'innovation qui dans le concret des projets est le profit habituel de l'investissement dans le capital physique « porteur » rehaussé par la « charge technologique » nouvelle. Les entreprises mettent en œuvre des recherches lorsque les résultats de celles-ci sont susceptibles de conduire à des innovations rentables[34]. Comme pour tout autre investissement, la construction de A par l'effort conscient des entreprises ou des entités publiques s'accompagne d'une mise au rebut des procédés devenus ainsi plus vite obsolètes. Bien que l'idée schumpétérienne de destruction créatrice se soit surtout développée pour le progrès technique, nous pensons qu'elle s'avère également pertinente pour certaines catégories de capital, physique (K) et humain (H1P et H3SC).

Les efforts de recherche et développement accroissent le stock de procédés technologiques A dans la ligne des modèles à « accumulation d'idées » associés aux noms de Paul Romer (1990) ou Charles I Jones (1995). Le niveau technique **« A »** dépend aussi des moyens employés pour la recherche

[34] Les travaux sur la rentabilité des investissements en recherche et développement sont nombreux. On peut citer une étude de Dominique Guellec et Bruno Van Pottelsberg de la Poterie (2001). Un supplément de 1 % de R-D des entreprises engendre une croissance de 0,13 % de la productivité, moyenne établie sur un groupe de 16 pays de l'OCDE.

développement et pour l'accueil de la technologie étrangère. La culture scientifique H3SC, définie plus haut est donc aussi le catalyseur de l'investissement en nouveaux produits, procédés ou idées. C'est à partir d'un investissement préalable dans cette forme de culture humaine scientifique que peuvent ensuite être découvertes d'autres idées menant à des innovations technologiques. Quand Isaac Newton affirmait : *« J'ai vu plus loin parce j'étais juché sur des épaules de géants »*, il ne précisait pas de quelle façon lui-même et ses prédécesseurs y étaient montés, ni les efforts et le temps consentis pour y parvenir. Ces efforts et ce temps correspondent exactement à l'accumulation d'une culture scientifique de type H3SC par une transmission et un apprentissage souvent laborieux et c'est l'une des idées force de MIE.

La recherche est partiellement contrôlée par les pouvoirs publics qui ont un levier sur l'acquisition de H3SC en promouvant ou en assurant les enseignements de haut niveau et en favorisant les démarches individuelles dans ce sens (mais qui font souvent le contraire). La recherche publique qui développe des concepts et idées intégrées par le biais de la culture scientifique H3SC contribue aussi directement ou indirectement à la production de nouvelles technologies[35]. On peut résumer ce deuxième point en introduisant une variable exogène **Apub** qui est l'investissement public de recherche, mesuré ordinairement en part de PIB. Le rôle du secteur public peut aussi s'avérer pénalisant et en particulier sur le plan légal et administratif par insuffisance de prise de responsabilité face aux progrès. La lourdeur des processus de validation de certains progrès est directement liée à l'absence de culture d'entrepreneuriat et de

---

[35] Dans l'étude citée à la note précédente un surplus de 1% de la R-D publique provoque un progrès de 0,17 % de la productivité des entreprises.

prise de responsabilité des organismes publics chargés de l'homologation. Ainsi, H2ER est un facteur à prendre favorablement en compte et le principe de précaution est une nouvelle fois sur la sellette.

Les aspects extérieurs deviennent aussi cruciaux lorsqu'on considère l'ouverture **Ouv** et la puissance **H5PU**. La circulation des technologies au niveau mondial élargit la diffusion du progrès technique à l'ensemble de la planète. Mais cette diffusion est plus ou moins efficace et bénéfique selon l'« ordre d'entrée en scène ». En effet, les pays qui créent une nouvelle technologie ou l'acquièrent dans un premier temps prennent un avantage important sur les autres : brevets, fixation de normes d'utilisations, formats des matériels associés…etc. La puissance H5PU joue à cet égard un rôle éminent soit parce qu'elle permet de protéger les activités et les acquis technologiques soit parce qu'elle peut être utilisée offensivement sur les plans du droit et des justices internationales, de la possession de certaines ressources rares, de l'attrait des chercheurs étrangers (augmentation de H3SC) ou encore du vol pur et simple des recherches étrangères par les prises de contrôle ou l'espionnage. La langue utilisée dans les travaux de recherche et les procédures de validation[36], diplômes, revues, prix, classements internationaux…sont aussi des éléments évidents de manifestation de puissance H5PU, profitable aux pays dominants. On ne peut évidemment passer sous silence la relation intime entre la recherche de puissance militaire,

---

[36] Lors de la crise de 2020, on a vu paraître un certain nombre d'articles pseudo-scientifiques dûment homologués, y compris dans « The Lancet » ; la parution de ces articles et leurs conséquences en termes de politique sanitaire et de profits pour les grandes sociétés pharmaceutiques montre à l'évidence les effets de puissance à l'œuvre.

composante essentielle de la puissance géopolitique et les investissements technologiques ; à cet égard, l'action de la NASA aux Etats-Unis a même servi de modèle à ce que d'aucuns considéraient dans les années 1980 comme la politique industrielle idéale. Le développement et l'attrait des technologies s'opèrent à travers ce canal particulier. On trouve donc ici une double influence positive de l'ouverture et de la puissance H5PU.

(5) La croissance de la force de travail

Au lecteur exténué, on pourrait tout de suite proposer la solution des modèles néoclassiques simples qui considèrent que le taux de croissance de la force de travail correspond à celui de la population soit le fameux « n ». Mais cette option reposante doit être courageusement rejetée tant elle viole la cohérence du modèle et dédaigne le simple exposé des faits. Dans le contexte d'un modèle insistant sur les comportements effectifs d'investissement, on peut d'abord retenir que la variable L est la population active, c'est-à-dire la mise à disposition de la production non domestique d'une force de travail appelée à y trouver une rémunération. En clair, il s'agit ici d'une fonction d'offre de travail d'où certes les considérations purement démographiques ne sont pas absentes mais où les comportements d'engagement ne sont pas absents non plus.

La variable que privilégie traditionnellement l'analyse microéconomique est le taux de salaire net réel, c'est-à-dire la PmL combinée aux éléments d'imposition Tax. Plus le taux de salaire net s'élève et plus les effets de substitution entraînent les individus à se porter sur le marché du travail et à délaisser les activités domestiques ou de loisir au sein du ménage. Il est bon de noter cependant que ces comportements ne peuvent être analysés sans une référence explicite à leurs liens avec le capital humain, ses diverses cultures H1P, H2ER, H3SC, le capital-santé H7SA et la volonté de réussite H6**V**. Le temps de travail offert ne peut en effet être physiquement séparé de sa charge qualitative et des espérances de salaire qu'elle autorise. Si le travail féminin s'est développé dans la plupart des pays c'est certainement parce que les jeunes filles ont eu accès à de meilleures formations scolaires et universitaires. Au plan macroéconomique, la poussée de la culture humaine productive est un facteur qui mène indéniablement à une croissance plus vive de la population active et nous procure ainsi une autre variable d'importance pour la fonction d'engagement du travail. Comme signalé plus haut lors de la discussion sur l'investissement en culture humaine H1P, une décision d'engagement dans la population active se prend en tenant compte du niveau de cette culture humaine, à partir duquel les individus modulent leurs prétentions face aux salaires proposés. Les offres d'activité et de culture humaine sont donc liées car on peut d'une part valoriser mieux la culture humaine productive en accroissant l'activité alors que d'autre part, la rémunération de l'activité dépend de cette même culture humaine.

Des dispositifs sociaux sont susceptibles d'affecter l'offre de travail dans un sens négatif. Les impôts payés et la présence d'allocations et de revenus d'inactivité se combinent parfois de façon perverse pour réduire la participation effective au travail. On retrouve alors **Adm** reflétant les mouvements de la réglementation publique dans ces domaines. La qualité de la politique conjoncturelle **QPC** est aussi impliquée lorsque l'offre de travail est affectée à la baisse par les effets de « travailleurs découragés ». Selon ces effets, une récession prolongée provoque un retrait durable d'activité d'agents ne trouvant pas d'emploi. Il s'agit d'un des phénomènes d'« hystérèse » de l'instabilité conjoncturelle qu'une meilleure maîtrise des fluctuations doit permettre d'éviter.

Le taux d'activité et la mobilisation de l'offre de travail dépendent aussi fortement du capital-santé **H7SA**, notamment dans les pays pauvres où les endémies (le paludisme par exemple) sont largement répandues et pénalisantes. Même dans les pays développés et pour des raisons plus mentales que physiques, il est instructif de suivre l'impact des psychoses sanitaires sur la participation au marché du travail[37].

Les influences extérieures sont également concernées par les migrations (de travail) et la politique migratoire. On ne peut donc pas omettre les facteurs de mondialisation **Ouv**, de son évolution et les éléments de puissance **P** qui leur sont liés. C'est vrai pour les pays d'émigration comme pour les pays d'immigration. Pour chaque pays, le rapport à la mondialisation est particulier ; ainsi par exemple, l'Irlande est en Europe un pays spécial, recevant une immigration de travail et entretenant des liens économiques et culturels avec les grandes nations anglo-saxonnes qui dirigent son émigration. Il en résulte une offre de travail de court et long terme particulièrement sensible [voir Anne-Yvonne et Bernard Landais (2014)]. Les pays sub-sahariens sont un autre cas : ils voient partir leurs diplômés et perdent ainsi à la fois du travail et du capital humain, certes souvent peu utilisables sur place[38], tout en recevant des flux de transferts. A notre époque, l'un des attributs de la puissance

---

[37] On pense évidemment aux épisodes d'épidémie et de confinement de 2020

[38] Cette remarque peut conduire à l'idée que bien des pays d'émigration ne sont pas incités à proportionner leur appareil éducatif à la structure qualitative de leurs emplois futurs probables parce que dans une certaine mesure, les enseignements internationaux banalisés sont bien utiles à la fois pour la caste dirigeante et pour l'émigration.

géopolitique H5P est la capacité qu'ont les pays d'orienter et de maîtriser les flux migratoires dans le sens de leurs intérêts, qu'ils soient économiques ou autres ; la politique migratoire de Donald Trump ou celle du président turc Recep Erdogan en sont une illustration flagrante.

Pour clôturer cette présentation, il conviendrait d'ajouter les éléments démographiques, d'ailleurs fort compliqués. Pour établir L, oublions n, le taux de croissance de la population ; considérons plutôt la mécanique de remplacement des générations au cœur de la zone d'âge d'activité, zone qui évolue aussi de plusieurs façons sous l'effet des règlements, de l'âge de la scolarité obligatoire, de celui de la retraite et de la multitude de facteurs en rapport avec ce que nous avons déjà vu plus haut. A supposer même qu'on retienne un accroissement naturel avec décalage dans le temps, il faut aussi tenir compte de l'interaction complexe existant entre cet accroissement et la croissance économique passée, présente et à venir. En outre, la question ouvre le champ des relations du taux naturel d'accroissement avec la culture, les croyances H4C, les mentalités et leur évolution. Or cette dernière est difficile à prévoir et variable d'un pays à l'autre. Aussi, bien humblement, devra-t-on se contenter d'une variable démonstrative **Demo**[39].

(6) La croissance de la population et son effet mécanique sur le revenu par tête

Cette analyse poursuit la logique précédente. Pour établir le PIB par tête Y/N et sa croissance, nous avons retenu le taux de croissance de la population totale **« n ».** On devrait sans doute, pour assurer la cohérence du raisonnement, adopter la même

[39] Quitte à opérer ensuite un programme de tâtonnement empirique pour mieux la caractériser…

démarche que pour les facteurs de production, c'est-à-dire tenter d'en faire une question d'investissement. Ce serait théoriquement envisageable s'il n'était question que de natalité, en référence aux choix de la fonction économique du nombre d'enfants[40]. En fait, même dans ce cas, les éléments extra économiques et les mentalités, en particulier la culture de croyance H4C, jouent un rôle tellement important que cette approche serait de toute façon très incertaine. Quant à la mortalité, il est bien heureux que les décisions échappent à la logique de calcul économique même si certaines tendances inquiétantes se profilent à l'horizon. Enfin, les migrations sont des questions complexes où la part économique n'est pas absente mais où elle n'est pas tout. On se contentera donc de dire plutôt piteusement que la population s'accroît au taux **n** fixé par des éléments exogènes même si pour chaque cas, des explications des évolutions démographiques peuvent être recherchées avec profit.

À noter qu'à partir du moment où une équation d'activité détermine la croissance de la quantité de travail L, la différence entre cette dernière et la croissance de la population a beaucoup à voir avec le taux d'activité de la population totale et avec sa structure par âge. Un pays peu développé qui réussit sa transition démographique obtient ainsi quasi mécaniquement une croissance du revenu par tête, du fait de l'augmentation progressive et temporaire du taux d'activité. À l'inverse, un pays qui vieillit et qui accumule une population de retraités plus vite que les nouvelles entrées en activité des jeunes, doit faire face à des vents contraires en termes de produit par tête. C'est une des causes les plus évidentes de la stagnation des pays

---

[40] Comme l'ont fait certains travaux de l'Ecole de Chicago dans les années soixante-dix.

développés quand le vieillissement n'est pas compensé par l'immigration de travail.

Précisons pour finir que le raisonnement mené ici à propos de la population n'est pas une analyse de l'impact effectif de la croissance démographique sur le revenu par tête mais seulement l'expression de son effet mécanique de partage du produit par un plus grand nombre, indépendamment de toutes les influences positives telles que l'engagement du travail et l'expansion des cultures humaines diverses que nous avons vu auparavant. Savoir si la croissance démographique joue plus dans un sens que dans l'autre est affaire d'appréciation empirique mais un impact globalement positif ne nous étonnerait pas…

Arrivés au terme de cet exposé du modèle MIE, les nombreux amateurs de représentation mathématique se régaleront des précisions fournies par l'encadré 3-3 qui exprime les fonctions de progression (investissements effectifs) des divers facteurs.

Encadré 3-3 **Les fonctions d'investissement ou de progression des facteurs de croissance (résumé formalisé)**

Croissance de l'organisation (facteur « O »)

(5) $dLog\,O = F_o(K_{pub}, Adm, H2ER, Ouv, PU, AE,)$

Investissement en capital physique

(6) $dLogK = F_k\,\{f^e\,[O.\,(\alpha_K).\,L^{\alpha}{}_{L}.\,H1P^{\alpha}{}_{h1}.A^{\alpha}{}_{A}.\,K^{(\alpha K-1)} - Tax], H2ER, H3SC, (Ouv\times H5PU), \delta_k, QPC, Adm\,]\,\}$

Investissement en capital humain productif

(7) $dLog\ H1 = F_{H1P}\ \{f^e_{H1P}\ [O.\ (\alpha_{h1}).\ L^{\alpha_L}.\ A^{\alpha_A}.\ K^{\alpha_K}.\ H1P^{(\alpha_{h_1}-1)}$, Tax] , K_{pub}, Adm, AE, QPC,H7SA, H6V, Ouv, dLogK, dLogA, δ_{h1}] }

Investissement en progrès technique

(8) $dLogA = F_A\ \{f^e\ [O.\ (\alpha_A)\ L^{\alpha L}.\ H1^{\alpha h1}.\ K^{\alpha K}.\ A^{(\alpha A-1)}$, Tax], H2ER, H3SC, A_{pub}, Ouv, H5PU}

Croissance de l'Offre de travail

(9) $dLogL = F_L\ \{f^e[O.\ (\alpha_L).\ H1P^{\alpha h_1}.A^{\alpha A}.\ K^{\alpha}_{K}.L^{(\alpha_L-1)})$, Tax], dLogH1P, Adm, QPC,H7SA ,H6V, Ouv, P, H4C, Démo]}

Lexique

Y, le PIB ; K, le capital physique ; L, la quantité de travail ; H1, la culture humaine de production ; H2ER, la culture entrepreneuriale et de prise de responsabilité ; A, l'agrégat des techniques ; O, le facteur d'organisation ; Tax, la variable fiscale ; K_{pub}, les équipements publics ; Adm, la qualité administrative ; Ouv, l'ouverture extérieure ; AE les progrès de gestion ; H3SC, la culture scientifique ; H4C, la culture de croyance ; H5PU, la puissance ; H6V, la volonté de réussite ; H7SA, le capital-santé ; QPC, la qualité de la politique conjoncturelle; δ_k le taux de dépréciation du capital physique ; A_{pub} les investissements publics de recherche.

Les α_i sont divers paramètres compris entre 0 et 1 ; f^e indique une fonction de densité de probabilité.

Essai 4

Croissance et politique économique

Le modèle à investissement effectif MIE (Essai 3) révèle avant tout une vision « volontariste » de la croissance. En effet, toutes ses équations expriment des comportements et le progrès qu'on espère est le plus souvent l'expression d'un effort pensé et volontaire en faveur de la progression des facteurs et de celle de la production elle-même. Il n'y a pas grand-chose de « gratuit » dans le phénomène de croissance et ce dernier est le résultat d'implications laborieuses. La « manne de progrès » tombée du ciel ne recouvre jamais les déserts.

La politique elle-même est étroitement associée à l'effort de développement économique. C'est un rôle permanent que certains libéraux acceptent : Georges Gilder (2016) écrit : *« Le progrès de la loi et de l'ordre ne naît pas d'un processus Darwinien de sélection naturelle parmi des mutations aléatoires. Il est achevé à travers un combat héroïque pour développer les institutions civilisées et les défendre. Les bâtisseurs de ces institutions sont des leaders politiques ou intellectuels. La qualité du leadership politique est cruciale pour le développement et la défense des marchés, et il n'y a rien de spontané à ce sujet* ». Le modèle MIE intègre complètement cette vision et la traduit concrètement à travers l'organisation O et la promotion de presque toutes les cultures humaines.

Le modèle MIE privilégie l'approche comportementale, en liaison avec l'objectif de maximisation de l'utilité et avec celui du maximum de profit. C'est aussi un modèle d'accumulation avec apparition « en creux » de tous les efforts de non consommation (épargne ?) que supposent les investissements entrepris. Il déclare d'emblée que les forces de croissance sont canalisées dans les fonctions d'investissement des nombreux facteurs de production, soumis eux-mêmes à des causes diverses dont très peu sont accidentelles et transmettent souvent les élans acquis de la croissance passée.

Parler d'investissements effectifs signifie encore que le problème de la croissance ne doit pas être traité à partir de comportements d'un ou de quelques agents représentatifs hypothétiques plus ou moins artificiels mais plutôt par la multitude des agents effectivement présents au sein d'une économie, c'est-à-dire par exemple : les jeunes et leurs parents recherchant les diverses formes de capital humain en proportions variables, les entreprises agissant pour l'organisation, le capital et le progrès technique, les personnes potentiellement actives se portant ou non sur le marché du travail, les pouvoirs publics sous toutes leurs formes et avec tous leurs rôles, les pays partenaires jouant leur rôle dans la mondialisation…

Le « potentiel » selon MIE : un « héritage »

Les travaux théoriques plus traditionnels font grand cas de la notion de « potentiel de croissance », l'un des fleurons de l'analyse néoclassique. Pour MIE, la question se présente de cette façon : quand un pays investit dans les cinq éléments majeurs (O, K, H1P, A, L) et dans tous ceux qui déterminent indirectement la croissance à travers ceux-là, il le fait continûment et la temporalité différente de ses efforts d'investissement et de leurs résultats conduit à ce que certaines des progressions de facteurs restent longtemps garanties sur leur lancée tandis que d'autres varient plus rapidement.

Ainsi, les taux de croissance des facteurs aux cycles d'accumulation les plus longs et les plus inertes ne peuvent guère être modifiés, ni en bien ni en mal, par des actions immédiates. C'est le cas de la plupart des investissements en capital humain, puissance, offre de travail, organisation et des mouvements de mentalité. A l'inverse, les investissements en capital physique et certaines autres formes d'organisation ainsi que les facteurs de confiance qui accompagnent des réformes sont susceptibles d'apporter des changements plus rapides des quantités de facteurs opérationnels. Ce raisonnement vaut pour le meilleur et pour le pire.

Ainsi, annoncer qu'un pays a un « potentiel élevé » c'est considérer qu'une grande partie des progressions des facteurs à basse fréquence sont garanties à un haut niveau pendant une longue période de temps. Ainsi, comme les grands bateaux, les économies nationales suivent des trajectoires influencées par beaucoup de décisions passées : la France vit en partie sur un acquis ancien de puissance, les pays de l'est européen vivent sur un héritage d'accumulation de culture humaine productive et un moral national forgé au feu de la domination soviétique, l'Irlande vit sur celui d'une mondialisation favorable…

Tous ces éléments expliquent des rythmes « garantis » de progression élevée de quelques facteurs. À l'inverse, les pays pauvres ou en régression ont souvent des handicaps dont l'origine est lointaine et qui font qu'une progression faible ou même une perte sèche de facteurs cruciaux est quasiment inéluctable jusqu'à un horizon futur encore éloigné. Un pays qui a négligé ou n'a pas pu réaliser[41]ses ambitions scolaires générales ou techniques auparavant est condamné à une faible

[41] Ce sont parfois les conséquences d'états d'insécurité ou de conflits armés, un peu comme les effets déformants durables d'une guerre sur la pyramide des âges.

progression de la culture humaine professionnelle et technologique durant les périodes présentes et à venir.

Au total, le « potentiel » est en réalité un « héritage du passé », une forme de vitesse acquise, c'est-à-dire exactement l'inverse de ce que nous dit la théorie néoclassique traditionnelle, qui le définit comme un avenir, ou radieux ou crépusculaire selon les cas.

MIE et la problématique politique

La théorie de la croissance est l'axe privilégié de l'action politique dans le domaine économique. Il n'est rien de plus « politique » que le choix des chemins vers une nation plus prospère et plus forte. On verra par les exemples développés plus loin pour la France comment un économiste spécialiste de la croissance est naturellement et obligatoirement impliqué dans le débat politique. De fait, il saute aux yeux que les performances de croissance sont très différentes d'un pays à l'autre, y compris dans des aires géographiques ou culturelles voisines[42], ce qui fait supposer une bonne dose de « responsabilité nationale ». D'ailleurs la théorie néoclassique traditionnelle l'admet volontiers et propose des « états stables » de croissance différents d'un pays à l'autre. On en déduit que la croissance économique est un phénomène largement national, même si l'ouverture internationale et la mondialisation l'influencent[43]beaucoup.

---

[42] Les disparités de croissance entre pays voisins s'observent par exemple en Europe et en Zone Euro. Dans ces pays, la « responsabilité » politique propre est impliquée mais encore les conséquences inégales des choix d'organisation communautaire et d'arrangements monétaires.

[43] Mais différemment selon les choix politiques nationaux et la puissance de long terme.

Par contraste et à plus court terme, des spécialistes de convictions différentes peuvent assez facilement s'accorder pour traquer les signes d'émergence d'une récession en proposant d'abord soit à la banque centrale, soit au gouvernement, les mesures de prévention adéquates ou recommander ensuite les actions curatives. C'est globalement affaire de juste compréhension et de technique, les économistes étant d'accord sur les buts et la plupart des instruments à employer. Les fluctuations revêtent de plus un caractère international de plus en plus marqué, les gouvernements nationaux ne possédant pas toutes les clefs de la stabilité conjoncturelle et de la prévention des crises, même s'ils en conservent quelques-unes.

Ainsi, les Etats nationaux ont davantage la main sur le long terme que sur le court terme. Résumons-en la problématique : quel est le rôle de l'État et quelles sont ses responsabilités dans le processus ? Que faut-il pour connaître une forte croissance et pourquoi certaines économies sont-elles stagnantes ? MIE offre des réponses qu'il convient d'expliciter et d'approfondir.

La règle d'or, guide idéalisé du rôle de l'Etat

La règle d'or[44] correspond à l'optimum intertemporel, c'est-à-dire concrètement au maximum de consommation d'une économie donnée sur la longue période. En débattre revient à comparer les niveaux de vie des diverses générations d'une population. En effet, dans la plupart des modèles de croissance

---

[44] La règle d'or se décline mathématiquement et très sommairement comme la position d'une économie qui pousse l'accumulation du capital physique jusqu'au point où le taux net de rendement des investissements égalise le taux de croissance du PIB. Au-delà, l'investissement est inefficient et en deçà, l'économie est dite en situation dynamiquement efficiente (comme dans la quasi-totalité des cas concrets).

et spécialement dans MIE, la consommation des générations futures dépend des investissements effectués au préalable par les générations présentes et passées qui se privent ainsi d'une certaine quantité de consommation et des satisfactions d'utilité correspondantes. La Cigale de la fable de La Fontaine est directement punie de son imprévoyance, mais que dire alors de ses enfants ? La Fourmi est sans doute bourrée de défauts, c'est une radine au cœur sec, mais ses enfants lui disent merci.

L'implication politique du raisonnement de règle d'or dans le modèle MIE est parfaitement claire. Dans la mesure où les investissements multiples envisagés par le modèle sont presque toujours en deçà de leur seuil d'inefficacité, il convient de chercher activement à les développer et ce quel que soit le stade où ils se situent dans la chaîne chronologique en amont de la croissance courante. Ceci implique l'action publique de mille manières, à savoir toutes celles qui font de l'État un frein aux investissements souhaités et toutes celles où il peut jouer un rôle plus actif en leur faveur. Dans la mesure où il est acquis qu'une croissance économique plus élevée a un impact favorable sur le bien-être, les pouvoirs publics ont un devoir de ne pas lui nuire et au contraire de la favoriser par la multitude de ses moyens. Et si les fruits de cette attitude se font attendre dans le temps, l'État devrait pouvoir justifier son rôle par la prise en compte des générations futures. Il doit s'en faire leur champion quand une partie importante de la population actuelle refuse de transmettre ou ne transmet pas assez. L'Etat fait ainsi de la redistribution intertemporelle[45]ou plus exactement,

[45] Rien ne dit d'ailleurs que l'Etat ne le fasse en pratique car les objectifs des gouvernants sont souvent biaisés en faveur du présent (qui leur « rapporte » quelque chose politiquement) et au détriment du futur (qui ne leur « rapporte » rien). Par les droits de succession il peut même décourager la transmission intergénérationnelle au détriment de la croissance future.

pourrait et devrait la faire. Mais si les positions théoriques et doctrinales sont faciles à comprendre, la mise en œuvre d'une recherche de règle d'or doit pourtant s'effectuer sans indication chiffrée fiable. L'introduction des cultures humaines dans les fonctions de production néoclassiques et l'intégration naturelle des moyens consacrés à le promouvoir ont discrédité les mesures sommaires de la formation brute du capital fixe (FBCF) au profit d'investissements de natures diverses. Mais elles ne les ont pas remplacées !

Le calcul s'est donc compliqué par la diversité des catégories retenues dans MIE : K, A, L, H1P, elles-mêmes démultipliées en amont en catégories secondaires que sont les « cultures » diverses et tous les investissements publics utiles, y compris certaines dépenses de santé. Cette diversité est telle qu'un principe général de non-consommation[46], c'est-à-dire d'« épargne généralisée », rend plus clairement compte de l'effort consenti par les générations actuelles, le calcul de cet effort n'en étant pas rendu plus facile pour autant[47]. Les politiques de croissance peuvent néanmoins tirer parti du concept élargi d'épargne, comme nous le verrons un peu plus loin.

A partir des diverses fonctions d'investissement, les cinq les plus importantes mais aussi celles qui figurent implicitement en

---

[46] Et encore cela se discute, la consommation des familles étant liée à l'éducation des enfants et à leur santé. Elle correspond donc largement à un investissement et entre dans la nouvelle épargne élargie.

[47] On a déjà expérimenté cette difficulté d'évaluation lorsqu'il s'est agi de mesurer en quoi certaines dépenses publiques pouvaient sembler « d'avenir » ou non. À la fin de beaucoup d'études entreprises sur ce thème, on finissait par avoir l'impression que toutes les catégories budgétaires pouvaient s'y retrouver, au moins en partie. Ceci reflète la diversité inouïe des formes d'investissement utiles au développement.

amont pour les diverses formes de culture humaine, la puissance et bien d'autres, la lecture du modèle MIE révèle que les pouvoirs publics interviennent favorablement ou défavorablement de multiples façons dans les processus d'investissement conduisant à la croissance.

La croissance économique pourrait se comparer à un fleuve dont on mesure le débit à l'embouchure. Si le débit est fort ou faible à cet endroit (à ce moment) c'est parce qu'il subit des contraintes qui, tout au long du parcours, de la source à l'embouchure, le déterminent et le régulent. Il en est ainsi pour la croissance selon MIE, dont l'organisation pyramidale rassemble des influences parfois fort éloignées dans le temps : (mentalités, cultures, puissance etc.) d'autres plus proches, (infrastructures, lois et administration) et enfin quelques-unes susceptibles d'être canalisées à très court terme, par exemple par la fiscalité sur les investissements et les profits. À un instant donné, le débit de la croissance mais aussi les prévisions de débit dans les années qui suivront dépendent lourdement de l'héritage du passé, ce que MIE a retenu comme définition du « potentiel de croissance ».

Dans ce contexte, la stratégie pro-croissance doit être conçue et déclinée comme des ensembles de mesures qui auront une portée immédiate, prochaine ou lointaine. Une évolution des mentalités ne produira ses effets que dans un très lointain futur et les efforts visant à relever la puissance nationale pour affronter les mondialisations seront eux-mêmes récompensés dans un futur difficile à déterminer. L'exemple français de l'arrivée au pouvoir du Général De Gaulle en 1958 montre néanmoins qu'une stratégie mixte de renouveau peut se mettre en place et produire assez vite des résultats durables[48]. La

[48] Peut-être que ce succès ne fait-il que marquer l'adhésion au programme d'une population française aux aspirations plutôt

combinaison de mesures libérales à court terme, de l'intégration commerciale européenne et d'affirmation de force et fierté nationales avait donné les excellents résultats de croissance que l'on connaît et remis le pays sur de bons rails pour une période d'une vingtaine d'années. La stratégie de croissance ne peut donc être conduite sur le seul plan du libéralisme économique, aussi important soit-il pour les actions de court terme. Les prises en compte des mentalités, des sept ou huit « cultures » humaines, de la puissance nationale au service de l'ouverture, de l'organisation O, sont également nécessaires.

Les divers pays à diverses époques le font en fonction des réalités et des évolutions mais aussi dans leur propre tradition nationale. Du côté des succès notoires, la stratégie de croissance d'une société communiste, la Chine, restée impériale et fidèle au néoconfucianisme, se différencie de celle d'un pays de tradition libérale et chrétienne attachée aux « Droits de l'Homme » comme les Etats-Unis. De surcroît, s'il est évident qu'une société néo-païenne ou puritaine « verte » décidée à ne plus admettre d'empreinte humaine sur la « planète », n'a que faire de la croissance économique, à l'inverse la société hédoniste et matérialiste de consommation n'en est pas pour autant le cadre socio-politique rêvé pour la promouvoir. Ainsi, la leçon politique principale du modèle MIE est qu'on ne peut séparer les évolutions sociétales et économiques et qu'un parti politique qui tend à établir une stratégie de gouvernement à long terme doit d'abord mettre en concordance ces deux aspects inséparables[49]. Mais alors, et c'est là que le bât blesse, rien ne

---

homogènes et rendue optimiste par la Libération et le « baby-boom ». Le potentiel ou selon MIE, l'héritage de croissance était probablement déjà présent en 1958 pour en assurer la réussite.

[49] Il est fréquent d'entendre des journalistes qualifier tel ou tel parti de libéral en économie et progressiste dans ses choix sociétaux ou bien le contraire ; si cette qualification est parfois justifiée, elle manifeste

garantit qu'il gagnera les élections ensuite ! Ceci nous amène à réfléchir au type d'institutions démocratiques à mettre en place ou réformer pour faire réaliser le programme souhaité.

Que faire pour croître à moyen terme ? Les bons et mauvais choix

A partir du modèle, on trouve immédiatement la réponse : pour croître, il convient de placer au plus haut le rythme d'accumulation des facteurs de base (K, A, H1P, L) et d'optimiser leur combinaison par une meilleure organisation (O). Ce que le modèle MIE ne dit pas explicitement, c'est ce qu'il faut sacrifier ou réduire pour réaliser ce beau programme. Un modèle complètement maîtrisé au plan théorique insisterait sur les conditions de l'optimalité dynamique, par exemple en définissant une allocation du temps et des moyens financiers qui maximisent le bien-être au cours des périodes présentes et futures. C'est ce qui ressortait du débat précédent sur la « règle d'or ».

Prétendre emprunter cette voie en pleine maîtrise chiffrée des enjeux serait manifestement présomptueux. On peut seulement concevoir de repérer au mieux les alternatives néfastes aux investissements en facteurs productifs. Et une fois ces alternatives connues et identifiées, tenter de les réduire pour promouvoir la croissance. On repère vite deux « coupables » : la spéculation et la consommation.

Premièrement la spéculation, un élément qui s'est déjà glissé dans le débat par le biais du choix entre l'investissement productif et la détention d'actifs non productifs, choix qui concerne tout autant les agents susceptibles d'investir que le

---

simplement que ladite formation politique n'a pas suffisamment réfléchi à la pertinence conjointe de ces deux approches ou s'est liée à des électorats devenus incapables de la comprendre.

système financier. S'orienter vers la spéculation implique une attente de richesse immobilière ou mobilière sans ajout à la capacité de produire des biens et services supplémentaires ; elle détourne donc des moyens au détriment de la prospective de croissance.

Deuxièmement, la consommation, l'usage du temps et des revenus aux fins d'obtenir des satisfactions immédiates éloignées de la règle d'or. Tout ce qui accroît la propension à consommer joue contre l'investissement et contre la croissance à long terme. La consommation est le résultat de la croissance et à ce titre en est certes l'objectif économique ultime ; en ce sens elle est le moteur de la croissance par la motivation qu'elle suscite. Mais, à un moment déterminé, une consommation prématurée est un frein à la croissance car elle la prive de son élan. Entre générations, la solidarité s'affaiblit.

Eviter la consommation prématurée

La consommation excessive et prématurée (du blé en herbe), qu'elle soit privée ou publique, détourne certains moyens de l'investissement à la fois en termes de temps passé et en termes de support financier. Un pays peut devenir une aire de loisirs et de santé où la majeure partie du temps non professionnel est consacrée à consommer : écrans, sport, consultations médicales, laissant peu de temps alloué à l'accumulation des diverses cultures de capital humain, pour soi et pour les enfants. Sur ce plan, les choix de la taille de la famille et du style de vie sont des signes instructifs de l'effort fait en faveur de l'investissement à long terme. Mais ils sont aussi le reflet des mentalités exprimées par les modes de consommation. La place qu'un pays reconnaît à la famille et la protection qu'il lui accorde sont des supports majeurs des investissements favorisant la croissance car elles leur donnent les fondements d'une transmission intergénérationnelle optimale.

La consommation prématurée accapare aussi des moyens financiers. Un pays qui n'épargne pas assez conserve sans doute des moyens financiers d'investir mais au prix d'un endettement croissant qui fragilise et qui finit par devoir être remboursé. C'est ce qui se passe dans les pays où l'euphorie créée par des possibilités d'endettement facile a amené la forte hausse de la consommation et réduit l'épargne de façon drastique. La Grèce, l'Espagne et le Portugal des années 2000 ont été dans ce cas, en développant la consommation privée et publique au détriment de l'épargne tout en favorisant la corruption. Cette situation peut arriver de diverses façons, par l'endettement privé excessif, par l'endettement public trop élevé et enfin par la répression financière des épargnants, liée à une politique monétaire de taux d'intérêt excessivement bas.

L'endettement public, conducteur de consommation excessive, est lié à une forme particulière de socialisme qu'on peut qualifier de « socialisme de consommation ». C'est un avatar moderne de la doctrine née au XIXème, une fois enterrées les expériences désastreuses du socialisme de propriété publique des moyens de production et d'accumulation « à la soviétique ». Le socialisme de consommation[50] s'appuie sur une fiscalité confiscatoire et égalisatrice pour promouvoir un taux de consommation élevé et combattre la propriété privée. Il est donc à la base de la consommation de masse et l'économie finit par ne plus vouloir (pouvoir ?) s'en passer. Le débat politique d'un pays de cette sorte se déroule de plus en plus sous l'angle de la répartition et de la consommation, entre un État cherchant à donner l'impression qu'il peut tout donner[51] et tout prendre et

[50] On dit aussi souvent socialisme de redistribution !

[51] Les comptabilités nationales vont dans le sens de cette illusion lorsqu'elles mesurent la « production publique » à l'aune des coûts supportés par le Budget. Le développement des emplois publics se traduit donc *ipso facto* par une production soit réelle soit fictive mais

des citoyens qui n'avouent plus d'autre ambition que de tout recevoir. L'exemple le plus flagrant est celui de la France, devenue la championne des prélèvements, et dont la vie politique se passe dans un climat permanent de redistribution, de réformettes marginales et de débats catégoriels entre partis à clientèle.

Les soldes extérieurs, les « comptes courants » notamment, reflètent en permanence ces excès de consommation qui affaiblissent les chances de croissance à long terme. Elles les affaiblissent encore par la montée progressive des risques créés par l'endettement et qui font des pays en cause des proies toutes trouvées pour les crises économiques et financières récurrentes. L'épargne nationale ne peut s'écarter durablement de l'investissement national sans engendrer de mauvaises habitudes de consommation excessive et prématurée, de laxisme public et de risques d'endettement. La loi de Feldstein-Horioka[52](1980) est moins une régularité statistique un peu surprenante qu'une norme de bonne efficacité, à faire respecter sur le long terme au profit de la croissance.

---

incorporée dans la croissance du PIB. Les Etats incorporent donc leurs déficits dans leur croissance !

52 La loi de Feldstein-Horioka indique qu'en général les investissements nationaux dépendent plutôt étroitement de l'épargne nationale et varient avec elle avec un léger décalage. Ceci arrive même dans un contexte d'ouverture internationale des marchés de capitaux, ouverture qui ferait penser que leur corrélation devrait être faible. D'où le « paradoxe », nom sous lequel est souvent évoquée cette loi. Depuis 1980, date de sa découverte, la relation s'est quand même fortement affaiblie un peu partout dans les pays développés [voir Bernard Landais (2007)].

Graphique 4-1 **Consommation prématurée et spéculation : L'exemple grec**

Taux

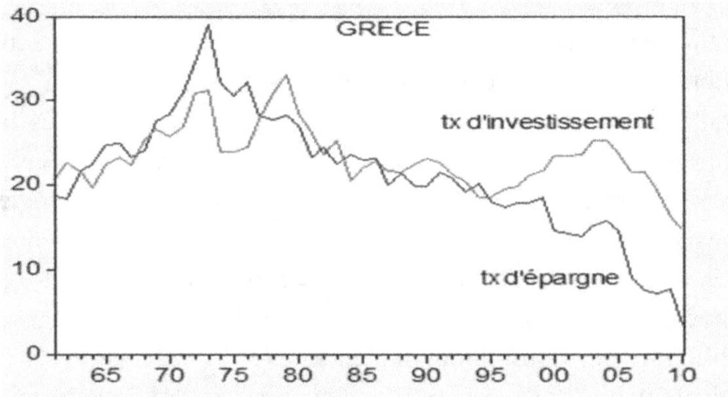

Années

Le cas de l'économie grecque illustre la démonstration. Au milieu des années soixante-dix, l'épargne commence à diminuer en pourcentage du PIB (la consommation augmente). L'aspect « spéculation » est mis en évidence à partir de 1995, lorsque les investissements (la FBCF) se remettent à progresser en tirant parti des crédits bancaires qui financent principalement le secteur immobilier. Le mouvement ne s'interrompra plus, s'accélérant même à l'occasion du passage en Zone Euro. Le reste est connu, une crise et vingt ans sans la moindre croissance économique.

Un impératif : éviter les crises

Dans le premier essai, nous nous étions lamentés en constatant que la fréquence plus grande des crises graves et les débats passionnés qu'elle suscitait masquaient les problèmes de croissance aux yeux des hommes politiques et les détournaient du devoir de les résoudre. Mais ce n'est pas tout ! Les crises ou fluctuations graves ont un impact direct et profond sur les taux de croissance, celle-ci n'étant en aucune façon détachable des dynamiques plus courtes qui la composent. L'exemple des crises de 2008 et 2011 nous le montre (encadré 4-1) et nous renforce dans notre souhait de trouver des solutions à l'instabilité grave et récurrente affectant les économies mondiales depuis une quinzaine d'années.

Encadré 4-1 **Crise, croissance et régime monétaire : une rétrospective européenne**

Comment et de combien la croissance économique a-t-elle été affectée par la crise de 2008-2011 ? Un régime monétaire rassemblant plusieurs pays indépendants autour d'une monnaie unique a-t-il ou non des vertus favorisant la croissance de ces pays ? Ce sont les questions cruciales à se poser après vingt ans de Zone Euro.

Un Politique traiterait plutôt des progrès de l'unification européenne vers le fédéralisme, ce qui correspond aux attentes mal dissimulées des promoteurs de la Zone Euro avant 1999. Néanmoins, dans les années 1990, les discussions des économistes portaient surtout sur le lien entre l'ouverture, l'intégration européenne et la croissance[53]. Le dossier de propagande de la Commission qui s'intitulait : « Un marché, une monnaie » (1992) évoquait toutes les bonnes raisons de bénéficier d'une meilleure croissance grâce à la monnaie unique.

---

[53] Lionel Fontagné et Jean-Louis Guérin 1997 par exemple.

Dans la ligne de cet ouvrage, nous répondons seulement à ces questions en mesurant d'abord combien de croissance a été « perdue » dans les vingt premières années de fonctionnement de la Zone Euro. Quel est donc le bilan de la monnaie unique sur ces 20 ans d'Union Monétaire sur les deux plans de **croissance** et de **convergence**[54]. Nos conclusions seront probablement ambigües car le bilan dépend de deux choses : l'arrangement monétaire de monnaie unique comme principe appliqué et la manière dont il a été mis en œuvre par les acteurs institutionnels, la BCE et les pays membres notamment.

Le bilan de croissance est ici établi pour 20 ans de fonctionnement. On établit trois graphiques pour les pays déjà présents dans la zone en 1999 ou 2002.

Graphique 4-2 Période euro 1999-2019 : Croissance moyenne du PIB réel

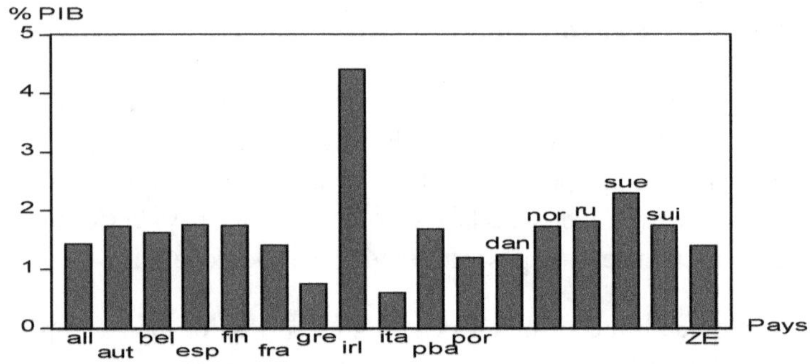

Légende :Taux de croissance du PIB sur vingt ans d'Union Monétaire

L'ensemble de la zone (ZE) a une performance de croissance plutôt médiocre, inférieure à celle des pays européens hors zone choisi

[54] Convergence : la question de savoir si les pays-membres les plus pauvres rattrapent les plus riches.

comme témoins (à droite du graphique : Danemark, Norvège, Royaume-Uni, Suède, Suisse). Les onze pays « permanents » de 1999 à 2019 sont signalés à gauche (Allemagne, Autriche, Belgique, Espagne, Finlande, France, Grèce, Irlande, Italie, Pays-Bas et Portugal). Seule l'Irlande a bénéficié d'une croissance plus que satisfaisante.

La France a connu un taux de croissance de 1,4%, à peu près au même niveau que celle de la Zone Euro dans son ensemble. L'évolution du revenu par tête, telle qu'envisagée par le modèle MIE, fut encore plus décevante et voisine de zéro.

Graphique 4-3 **Croissance sur 20 ans avant et après 1999**

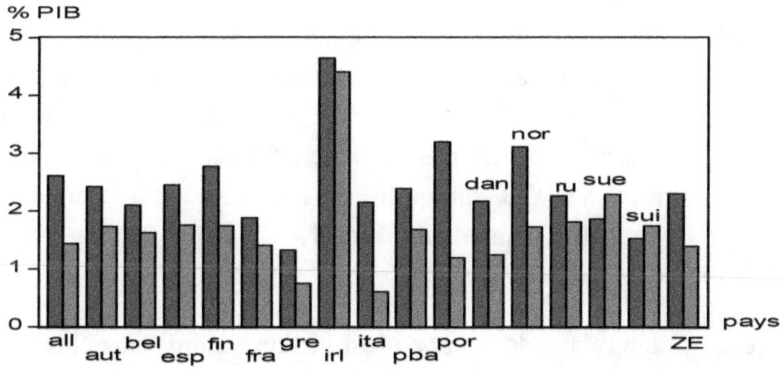

Légende : Taux de croissance du PIB 1979-1999 à gauche /et de 1999-2019 à droite.

L'examen des croissances avec les vingt années ayant précédé la création de l'euro confirme ce sentiment plutôt pessimiste. Elle révèle que la croissance française s'est abaissée pendant la « période euro », la comparaison se faisant d'ailleurs avec une période qui n'avait déjà rien d'exceptionnel.

Graphique 4-4 **Croissance du PIB avant et après la crise de 2008**

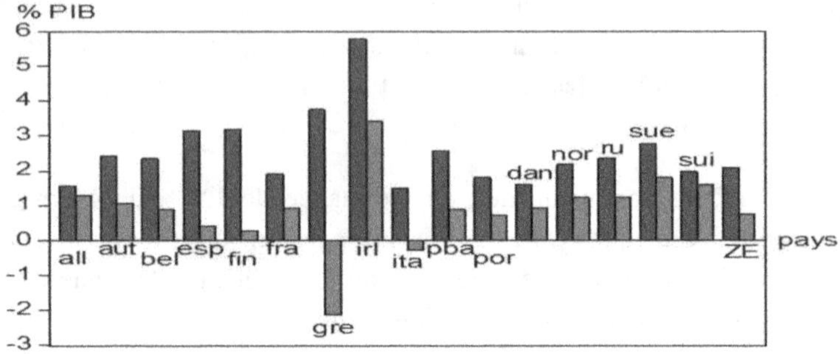

Légende : Les taux de croissance d'avant la crise (1999-2008) sont à gauche ; ceux de la période 2009-2019 sont à droite.

La crise de 2008 est vraiment à l'origine de la performance médiocre de ces vingt années de Zone Euro. Cette dernière a subi le décrochage le plus brutal comme en témoigne le graphique 3 : la croissance moyenne en Zone Euro est passée de 2,1 % par an pendant les dix premières années à 0,93 % durant les dix suivantes après la crise. Pour la France les chiffres équivalents sont 1,9 % et 0,9 %. La Grèce et l'Italie ont connu un renversement encore plus brutal.

Le désavantage relatif de la zone n'est pas un hasard mais correspond à la crise complémentaire des dettes souveraines de 2011-2012, crise qui n'a pareillement touché aucun autre pays du monde. L'accumulation des dettes publiques en phase montante du cycle et les points de départ d'endettement pour un certain nombre de pays de la zone expliquent la sévérité de cette crise secondaire. Jamais ces pays surendettés n'auraient dû entrer en Zone Euro !

La Zone Euro et elle seule a souffert d'une crise en W avec deux récessions successives. Cette double crise s'explique par une théorie endogène des fluctuations qui fait jouer les premiers rôles aux anticipations et à l'accumulation progressive de dettes exagérées.

La première décennie de la Zone Euro s'est caractérisée par une montée considérable des crédits et malheureusement, beaucoup d'entre eux ont été porteurs de spéculation, de dépenses publiques et de consommation prématurée. Géographiquement, cette montée de l'endettement a profité exagérément à des pays périphériques qui perdaient régulièrement leur compétitivité et utilisaient les prêts obtenus sous forme de consommation publique et privée plutôt qu'en investissements productifs.

La politique monétaire de la BCE est la cause permissive des deux crises, celle des *subprime* et celle des dettes souveraines. Cette politique, en fixant ou en encourageant des conditions de crédit trop favorables pour quelques pays fragiles, fut la complice active d'un endettement malsain. Celui-ci a eu pour contrepartie la montée des risques financiers pour les banques prêteuses des pays les plus puissants de la Zone rendues solidaires de leurs débiteurs. Alors que la crise de 2009 a eu une origine internationale et s'est manifestée d'abord par une crise bancaire à partir de créances américaines pourries, la crise de 2012 a été seulement européenne et correspondu à des dettes publiques excessives de quelques-uns de ses pays. La politique monétaire n'est pas seule en cause puisqu'il y va aussi d'une mauvaise politique budgétaire de certains membres ainsi que du « péché originel » de composition de la Zone Euro.

Les récessions associées à ces deux crises expliquent le score final de croissance tel qu'il est apparu dans ce bilan. Elles accentuent la médiocrité inédite des forces de croissance.

Comment et de combien la croissance économique a-t-elle été affectée par la crise de 2008-2011 ? Les faits relatés amènent à confirmer que la double crise a fortement ralenti la croissance de la Zone Euro.

Un régime monétaire rassemblant plusieurs pays indépendants autour d'une monnaie unique a-t-il ou non des vertus favorisant la croissance de ces pays ? La réponse est manifestement négative au vu des performances de ces vingt dernières années.

Une crise économique ou la venue d'une récession correspondent presque toujours à deux choses : une prédisposition ou « fragilisation » et un facteur de déclenchement souvent accidentel et parfois apparemment anodin. Les économistes peuvent disserter avec efficacité sur le premier aspect mais jamais sur le deuxième car il est par définition inattendu et ne se présente pas deux fois de la même façon. Les « indicateurs de stress » de plus en plus utilisés pour juger des difficultés financières n'ont pas plus de valeur opérationnelle qu'une paire de jumelles pour annoncer un tsunami. Quand on voit, il est souvent trop tard pour réagir ! En fin 2019 par exemple, les indicateurs de stress étaient au plus calme alors qu'une quantité de signes et d'alertes étaient donnés par l'observation des grandeurs d'endettement public et privé. Trois mois après, au milieu de mars 2020 et suite à l'épidémie, les indices de stress remontent en flèche (FRB Saint Louis et l'indice ICSS de la BCE) mais ils partaient de très bas et c'est bien tard, tout le monde est déjà au courant !

Les solutions

D'abord et au minimum, il faudrait que les pouvoirs publics évitent de mettre les économies en crise comme en 2020. Tout en le regrettant, on laissera de côté ce cas qu'on voudrait voir exceptionnel et qui s'avère malheureusement imparable[55]. Les gouvernements du monde devront tirer les leçons de cette crise particulière et au moins deux choses sont sûres : dans un cas de menace sanitaire mondiale, il faudrait au minimum établir une concertation internationale pour adopter des mesures cohérentes. Un pays moyen comme la France n'aurait pu éviter

---

[55] Tout en remarquant que même dans cette conjoncture exceptionnelle, la gravité de la crise dépend aussi des tensions de bulle préalables et que la médecine de politique économique est obligée d'en tenir compte.

une crise économique s'il avait été le seul à refuser de confiner sa population[56] ; en 2020, même au niveau européen nous n'avons pas été capables de réaliser cette coordination. La deuxième c'est qu'il ne faut pas surévaluer les risques sanitaires et sous-évaluer les risques économiques des décisions qu'on prend. Mais, de toute façon, nous manquons encore du recul nécessaire pour en discuter.

Hormis ce cas d'entrée délibérée et collective en récession et pour savoir quoi faire pour un avenir sans crise, la réponse théorique **naïve** serait celle-ci : ne pas se trouver en situation de retournement massif et coordonné des anticipations initialement favorables ; que les banques et organismes financiers ne se mettent pas à douter de leurs clients ; que les profits attendus des investissements ne soient pas ramenés brutalement à des valeurs dérisoires ; que les valeurs des actifs détenus : actions, obligations, immeubles, ne soient pas gravement menacées. Eviter ainsi tout « accélérateur financier » récessif quand les blocages de crédit éliminent les dernières velléités courageuses d'investissement productif tandis que la baisse du prix des actifs continue à détériorer les bilans en entraînant le tarissement des prêts.

La seule manière d'éliminer ou de réduire les risques est alors de mener des actions préventives, au moment où s'accumulent à l'excès les forces montantes sur tous les marchés et dans les esprits des acteurs. Qui peut le faire ? La réponse qui vient naturellement à l'esprit est : « la politique monétaire ». Car derrière toutes ces montées plus ou moins justifiées accompagnées d'anticipations d'un optimisme exagéré, il y a une alimentation constante par le crédit. L'excès de crédit, cet emballement peu raisonnable, est pratiquement toujours à

[56] L'exemple de la Suède montre seulement que la récession risque d'être plus limitée.

l'origine des périodes d'euphorie. On passe donc vite de l'analyse des tensions de bulle à celle de son contexte permissif, en l'occurrence et presque toujours, une politique monétaire trop laxiste.

Politique monétaire, une action ambigüe

Dans le schéma général comme en pratique, le rôle de la politique monétaire est visiblement ambigu : en facilitant ou non les poussées d'actifs et l'instabilité financière, elle est ou non la responsable principale de longue période ; mais en voulant freiner les mouvements spéculatifs, elle peut lancer les processus de crise ; en mobilisant ses outils au moment crucial, elle peut au contraire aider à bloquer les paniques et, moins facilement, pérenniser les reprises. L'un des problèmes rencontrés par la politique monétaire dans cette situation, c'est qu'elle apporte des remèdes qui peuvent être à l'origine d'autres difficultés. Ainsi, par exemple, la baisse déterminée et prolongée des taux d'intérêt maintenue par une politique délibérément accommodante a gonflé plusieurs bulles et récemment une bulle obligataire publique et privée dangereuse pour la stabilité du système financier et déjà destructrice de l'épargne. Depuis 2016, le krach obligataire s'est fait menaçant comme un orage puis s'est éloigné pour se rapprocher à nouveau… Les Bourses mondiales ont fait dangereusement le « yo-yo » alors que la pression de la baisse des taux poussait particuliers et banques à spéculer sur les marchés d'actions et d'obligations…

La politique monétaire alimentant des poussées de crédit dangereuses serait d'autant plus à éviter que les économies dans lesquelles elles se produisent sont dans de mauvaises conditions de croissance. Dans ce cas en effet, les taux d'intérêt trop bas et les flux excessifs de crédit alimentent les déficits budgétaires, la consommation et les financements de la spéculation, sans effet sur les investissements productifs et l'expansion économique réelle. Les politiques monétaires laxistes, conduites pour soutenir le peu d'expansion qui subsiste dans nombre d'économies matures en stagnation, relèvent la probabilité de crise financière. Si donc la stabilité conjoncturelle est propice à la croissance de long terme, cette dernière contribue en retour à la stabilité.

La réponse monétaire doit en tous cas être précisée en « politique des grands pays ou des grandes monnaies » car à notre époque où la finance est de plus en plus mondialisée, les risques de déséquilibre dangereux alimentés par une expansion du crédit ne sont pas restreints aux espaces nationaux. Ainsi, les conditions économiques et monétaires américaines des années 2000 attirant des capitaux de partout des banques européennes, de Chine… ont contribué à développer excessivement certains crédits à l'origine de la crise des *subprime*. De même, comme vu dans l'encadré 4-1 plus haut, la politique de la BCE dans un cadre de monnaie unique a accompagné la montée de crédits massifs et précaires dans la périphérie de la zone euro, aggravant la crise de 2008 et provoquant la surinfection des dettes souveraines de 2011.

On observera qu'en pratique, il est relativement facile de voir quelle politique monétaire et de quelle(s) banque (s) centrale(s) dépend la poussée des crédits dans un contexte déterminé.

Quelle stratégie ? Un objectif final de croissance !

Les arguments présentés ici s'inscrivent directement à la suite des raisonnements présentés dans le modèle de croissance MIE et dans notre modèle de fluctuations « Océan » (2017). Une première réflexion, retrouvant le raisonnement implicite de la pensée autrichienne, concerne la redéfinition d'un objectif final pour la politique monétaire de temps normal. Elle amène à conclure que la pluralité des objectifs finaux est une mauvaise chose. Le modèle de croissance MIE nous pousse à considérer que le guide de toute politique économique est le désir d'obtenir le maximum de croissance économique à long terme. On va postuler qu'il s'agit aussi de l'objectif final le mieux approprié pour l'action des banques centrales !

Les modèles de fluctuations comportent généralement cinq guides légitimes et utiles pour justifier des réactions de politique monétaire : l'écart de production, l'écart des taux d'inflation, l'écart de taux de change, l'écart de taux d'intérêt et l'écart de quantité de crédits. Aucun d'entre eux cependant ne peut prétendre à constituer à lui seul un objectif final et en particulier **pas** l'écart d'inflation. Ce qui ressort à cet égard des évènements des dix dernières années c'est l'importance toute relative du problème posé par un rythme plus ou moins élevé de hausse des prix, dès lors qu'on évite l'inflation à deux chiffres[57] et la déflation. Les politiques de ciblage d'inflation ont manifestement fait leur temps et le corpus théorique sur lequel elles s'appuyaient naguère est battu en brèche.

Ce n'est qu'à travers l'influence sur la croissance qu'il faut reconnaître la nécessité de corriger parfois les rythmes d'inflation. L'expansion à court terme n'est pas non plus totalement pertinente. En introduisant la variable QPC dans ses

---

[57] [57] On se souvient de l'extrême difficulté des évaluations du seuil d'inflation à partir duquel celle-ci réduit la croissance, mais tout le monde sait qu'*a priori* aucune présomption de dommages collatéraux importants n'est à retenir à l'encontre d'une inflation à un chiffre. Il est proprement mystérieux d'observer l'ancien fétichisme des banques centrales à propos de leur cible de 2%, sauf si on considère qu'elles s'inquiètent surtout maintenant pour les conséquences d'une hausse des prix **plus faible.**

fonctions d'investissement, le modèle MIE admet déjà explicitement la nécessité d'améliorer la qualité de la politique conjoncturelle pour atteindre les rythmes de croissance permanente les plus élevés. C'est dire qu'il n'est nul besoin de demander aux banques centrales d'autre service que d'assurer un fonctionnement du système monétaire optimisant la croissance à long terme. A cet objectif final, concourent tous les autres. On ne doit pas considérer que l'objectif final unique de croissance pourrait être concurrencé : l'évitement des crises par la stabilité financière, la préservation de la valeur de la monnaie à un niveau raisonnable, la sécurisation des circuits de financement utiles aux investissements dans un maximum de circonstances, la valeur extérieure de la monnaie, la promotion de l'épargne, toutes ces préoccupations intermédiaires de la banque centrale, contribuent à la croissance saine de l'économie. Il ne peut y avoir à cet égard de conflit d'objectifs la poussant à sacrifier quelque chose d'important à l'ambition de croissance

Venons-en maintenant au choix des moyens : l'évitement des crises et plus généralement des récessions tient la première place[58]et la fourniture de liquidités en cas de crise financière déclarée doit naturellement être conservée aussi ; la réalisation d'investissements nombreux par des conditions de financement solides, la circulation d'une monnaie saine avec un taux d'inflation maîtrisé, une valeur extérieure de la monnaie évitant des taux de change réels trop élevés ou trop faibles.... sont autant de buts à atteindre par la politique monétaire pour viser son objectif final unique de croissance.

[58] Cette tâche dominante regroupe toutes sortes de travaux particuliers vis-à-vis des positions du secteur bancaire, des marchés d'actifs, du secteur public, des anticipations et spéculations diverses.

Pour y parvenir, la banque centrale doit pouvoir utiliser tous les moyens mis à sa disposition. Nous avons vu que le nombre des instruments avait récemment augmenté, passant à trois types : le taux d'intervention, la politique multiforme d'aisance quantitative et les politiques psychologiques d'annonces (*forward guidance*)[59]. La politique monétaire doit donc être libre et discrétionnaire. Pourtant, comme l'automobiliste, soumis au code de la route, les banques centrales devraient être assignées à certaines règles impératives, ce qu'on pourra qualifier de « discrétion contrainte » [60]

Discrétion contrainte

Si la menace de crise économique et financière vient du double mouvement : excès des crédits ou de certains crédits, suivi d'une perte brutale de confiance et d'enchaînements de prévisions pessimistes généralisées et, dans la mesure où c'est le scénario le plus grave à redouter, les banques centrales doivent lui donner la priorité. Pour éviter les excès de crédits, globaux et spécifiques à des bulles particulières, il convient de s'opposer rapidement, globalement ou parfois de façon ciblée, aux mouvements spéculatifs. Les outils les mieux adaptés sont le taux d'intérêt d'intervention qu'il faut absolument garder (hors crise) à un niveau suffisant pour réprimer les bulles.

On pourrait donc instaurer une première règle de <u>plancher du taux d'intervention</u>. Ainsi, les banques et autres organismes financiers auraient des ressources normalement coûteuses en toutes circonstances, y compris en urgence pour éteindre les

---

[59] L'accélérateur, le frein et le klaxon !

[60] Ce qui existe déjà par exemple, c'est l'interdiction du financement monétaire des déficits publics (planche à billets), interdiction de moins en moins appliquée d'ailleurs… même en temps « normal ». Elle a néanmoins été rappelée en 2020 par la Cour Constitutionnelle d'Allemagne.

crises de sous-liquidité. La possibilité de garder une marge de baisse des taux d'intervention en cas de crise aigüe serait encore un atout de plus. Après 2008 et 2011, la politique de taux artificiellement bas a duré beaucoup trop longtemps et les décisions de la BCE et de la Fed en fin 2019 semblent incompréhensibles de ce point de vue ! Le taux d'intervention à court terme joue un rôle normal pour régler la conjoncture et faciliter le plein emploi, un rôle qui n'implique pas qu'il soit réduit à des valeurs dérisoires. Dans le cas de « répression financière » en effet, les épargnants ne participent plus au financement des entreprises et se découragent à cause de taux non incitatifs, une sorte de trappe à liquidité du « côté offre ».

La deuxième contrainte obligatoire existe déjà en théorie : le non-financement des déficits et dettes publiques. Cette disposition n'est plus appliquée et le fait de ne plus la respecter conduit la banque centrale et les Etats endettés à se livrer à une « fuite en avant » difficile à contrôler. Ceci a pour conséquence stratégique de maintenir la nécessité d'une banque centrale indépendante, nécessité qui ne se justifie plus autant par l'objectif prioritaire du contrôle de l'inflation[61].

Cette combinaison de contraintes s'ancre sur la nécessité de faire de la prévention contre les crises la priorité des banques centrales et qu'elles s'en donnent les moyens. Leur guide doit être d'éviter toute situation artificielle des marchés de crédits (taux trop bas en moyenne ou dans des segments particuliers du marché), tâche que la politique monétaire peut et doit désormais accomplir. A ces conditions, les mécanismes monétaires et

[61] Les banques centrales indépendantes étaient censées mieux réaliser l'objectif de faible inflation que les banques centrales dépendantes. Mais si ce problème d'inflation semble passer au second plan, le problème de non monétisation des dettes publiques lié à la stabilité financière demeure évidemment une contrainte justifiant l'indépendance des banques centrales.

financiers seront en mesure d'assurer la croissance la plus forte à long terme.

Encadré 4-2 Adhérer ou pas à une zone monétaire ? Optimalité et Ajustement

Dans l'encadré précédent on a rendu compte des effets des crises sur la croissance dans un cadre d'Union Monétaire. Si l'expérience des vingt années de l'euro ne s'est pas révélée très brillante dans l'ensemble, il y a eu des pays qui ne semblent pas avoir trop souffert d'adhérer à la monnaie unique. Un gouvernement qui se pose la question placée en titre pourrait tirer parti de la discussion qui suit.

Dans une zone formée de pays indépendants, on se doit de distinguer deux formes d'optimalité de composition et de fonctionnement (1) : **l'optimalité d'admission** qui évoque pourquoi un membre est acceptable pour l'ensemble et (2) : **l'optimalité d'adhésion** qui dit en quoi l'appartenance à la zone est bénéfique pour le pays qui adhère.

L'ajustement de son côté ne doit pas seulement être conçu comme un réalignement après chocs mais une capacité à trouver des ressorts de reprise quand un pays a été touché par une récession ou une crise. L'ajustement est donc essentiellement la capacité à retrouver la croissance, critère correspondant à notre démarche générale.

Pour le passé des années 1999 à 2019 on peut considérer quatre cas typiques de pays membres pour la Zone Euro ;

1) Des pays qui n'ont pas eu un énorme besoin d'assurer leur reprise en cas de récession ou crise, ceux qui ne traînent pas de « casseroles » comme un amas de dettes excessives des secteurs publics et privés (France, Allemagne … pour les crises 2009 et 2012).

2) Des pays qui ont éprouvé un grand besoin de reprise économique en s'ajustant et qui y parviennent rapidement en faisant d'emblée ce qu'il faut (l'Irlande).

3) Les pays qui s'ajustent en se faisant du tort pour la croissance future car le prix à payer pour se remettre d'aplomb est souvent très lourd. Le cas du Portugal est celui qui illustre ces gros dommages en raison d'une très forte émigration.

4) Les pays enfin qui ne peuvent pas du tout s'ajuster et repartir du bon pied. Italie et Grèce forment de groupe, auquel on pourrait ajouter Chypre parmi les nouveaux entrants.

Les deux premières catégories n'ont pas eu jusqu'à présent de difficultés majeures pour rester Zone Monétaire (Optimalité d'admission et Optimalité d'adhésion). La troisième est plus problématique : l'optimalité d'adhésion n'est pas « cochée » et ce pays se fait du tort en Zone Euro. Enfin, la quatrième catégorie est celle de pays qui n'auraient jamais dû faire partie de la Zone Euro, qui avaient déjà un gros écart avec les critères de Maëstricht avant 1999 et qui sont des bombes à retardement pour la Zone et pour eux-mêmes. Le vrai problème concernant ces deux pays c'est de savoir comment les faire sortir sans provoquer une faillite totale des dettes publiques et une nouvelle crise économique et financière. C'est la raison pour laquelle on reste en stand-by en multipliant les déclarations rassurantes. C'est encore la raison pour laquelle on mène cette politique de taux d'intérêt nuls ou négatifs. La crise liée au Covid 19 n'a pas changé grand-chose aux principes du débat, sinon aggravé la situation. Elle risque de faire passer d'autres Etats et non des moindres, dans la catégorie maudite des insolvables chroniques. En attendant, la BCE a prévu d'inonder la zone de monnaie et de racheter les dettes. Le pourra-t-elle ? Les perspectives d'un, deux ou trois retraits de pays de la Zone Euro, voire de l'éclatement définitif de celle-ci ne sont plus simplement théoriques !

Essai 5

De la croissance au développement

Dans les enseignements traditionnels de science économique d'il y a cinquante ans, une distinction était établie entre la croissance et le développement. Plutôt curieusement d'ailleurs, l'« économie du développement » n'avait l'air de concerner que les pays en retard[62], tandis que la théorie de la croissance portait ses pâles lumières vers les pays déjà avancés. Puis, avec la montée de la science économique anglo-saxonne, l'« économie du développement » disparut des radars. La réunion des analyses s'est opérée au profit des études standard de la macroéconomie néoclassique, en profitant des données statistiques harmonisées des organismes internationaux et des techniques de panel. Ainsi, l'approche du développement subit alors la même amputation que les autres parties de la macroéconomie et pour la même raison d'utilisation prématurée des outils de l'économétrie appliquée. En même temps, se sont mis en place quelques indicateurs internationaux comme l'IDH (Indicateur du Développement Humain) qui combinent des éléments monétaires et non monétaires du niveau de vie.

Dans la théorie économique de la croissance, la pointe extrême du raisonnement doit être la détermination de l'utilité ou du bien-être tant au plan individuel que collectif et l'on sait, en ce qui concerne leur mesure, qu'il est quasi impossible d'aller au-delà des vœux pieux. Le modèle MIE ne fait pas exception mais

---

62 On ne voit pas bien pourquoi la question du développement ne se poserait pas dans les pays avancés, que l'on dit par ailleurs « développés ». Si c'est vrai, en quoi le sont-ils ?

il propose pour le développement un agencement des idées ressemblant à celui qu'il a retenu auparavant pour la croissance.

Le passage du revenu ou produit national à l'utilité ou au « bonheur » peut être envisagé de la façon suivante : Si U représente l'utilité collective, on peut admettre d'appeler « développement » tout ce qui peut la faire progresser ; à côté du PIB, qui résume la croissance, d'autres éléments positifs sont à retenir : en premier lieu, le capital humain H_P8 privé non marchandable, ensuite sans doute un élément très proche de la puissance P ou du capital H5PU qui comprend l'identité, la langue et la position du pays dans le monde. On peut y mêler le capital humain de culture de croyance H4C. On aurait donc la fonction de développement ou de bonheur qui commencerait ainsi : **U = U (Y, H9p, H4C, H5PU ...)** avec ses éléments « positifs ».

Le produit ou le revenu **Y** intervient de façon naturelle. Il vaut mieux être riche et bien portant que pauvre et malade, nous dit le bon sens populaire et un PIB plus copieux élargit les possibilités de choix des consommateurs. La pauvreté est en premier lieu l'absence ou l'extrême faiblesse du revenu et la faiblesse concomitante du pouvoir d'achat.

H9p apparaît ensuite comme l'élément central de la fonction car cette culture humaine privée non marchandable est un outil puissant pour le consommateur, le deuxième facteur de sa fonction d'utilité. On y trouve les cultures et les vertus[63] de la vie familiale : solidarité entre parents et enfants, jeunes et

---

[63] Le terme « vertu » sonne à notre époque comme une grossièreté mais quoi d'autre dans ce cas, lorsqu'il s'agit d'aider ses proches ? Ainsi, chacun garde à l'esprit l'image ou le souvenir de telle personne ayant su admirablement transformer un peu d'argent en beaucoup de bonheur. Une politique familiale doit avaliser ces réalités en dehors même de ses conséquences démographiques.

vieux, les cultures artistiques et le sens de la fête, la poésie, la convivialité de voisinage, la politesse, les rites d'amitié, la chasse et la pêche, toutes les activités individuelles de loisir et de sport, la faculté de se grouper de mille façons (associations, chorales, groupes de musique) pour profiter au mieux du temps. A vrai dire, « rien de nouveau sous le soleil », Gary Becker et l'École de Chicago ayant très clairement démontré comment les ménages produisaient eux-mêmes du bonheur avec du revenu et du temps[64]. L'accent est mis sur la nécessité d'une culture privée qui sert de catalyseur à la production d'utilité. Ce capital humain de type H9p contribue donc au bonheur et représente une facette primordiale du développement. Il doit aussi être renouvelé, tout en se heurtant parfois à la concurrence[65]des autres formes de culture, toutes celles dont nous avons déjà fait état pour les fonctions d'investissement dirigeant la croissance.

La valeur de l'utilité des personnes dépend encore du capital-santé **H7SA**. Il est quasi évident qu'une bonne santé des gens procure un bien-être à eux et à leurs proches tout en allongeant la durée de vie pendant laquelle ils peuvent en bénéficier. Cet élément est soumis à la loi des rendements décroissants et il est plus spectaculaire pour les populations des pays pauvres vivant sous des climats difficiles et à faible espérance de vie. Dans nos pays plus développés, le capital-santé peut parfois faire l'objet d'un surinvestissement générateur d'anxiété et parfois de renversement du sens de l'utilité marginale. La recherche du

---

[64] Se rappeler de la « Théorie de l'allocation du temps » de Gary Becker (1965). Menant une approche microéconomique, Becker n'a pas mis l'accent sur l'intensité de satisfaction atteinte mais simplement sur l'optimalité du choix entre le temps et les biens. Dans MIE, la culture ou capital humain privé prend toute sa place pour dégager une quantité plus ou moins forte de satisfaction.

[65] Il se nourrit de traditions, ce qui en fait un élément conservateur d'éducation.

vieillissement pour le vieillissement n'est pas toujours porteuse d'utilité supplémentaire et parfois même l'inverse.

L'identité et la fierté nationale **H6V** peuvent aussi déterminer le bonheur ressenti. La perte de l'identité bretonne au XIXème siècle[66] et celle des Indiens d'Amérique, ont souvent été citées comme facteur péjoratif d'évolution de ces sociétés, révélé par le nombre des suicides et le développement de l'alcoolisme.

Les cultures de croyance **H4C** sont également présentes dans la fonction d'utilité car ils contribuent à donner un sens à l'existence et à promouvoir les vertus. Ce sont des ressorts du bonheur individuel et des bases solides pour les vertus qui le propagent.

L'insécurité, qui correspond le plus souvent à une carence de l'Etat, pourrit littéralement la vie des personnes qui y sont exposées. Il est des pays du monde et beaucoup de lieux où ce climat d'insécurité est insupportable (chacun connaît la situation du Mexique et de ses cartels mais la majorité des pays du monde est concernée, notamment en milieu urbain). Il est difficile d'accroître son bonheur quand on vit la peur au ventre ! Cette influence négative de l'insécurité se traduit par la valeur trop faible du capital de sûreté personnelle et des biens **H9p** dont disposent les individus et les groupes. L'Etat doit donc être suffisamment fort et la société suffisamment conviviale et apaisée[67] pour porter cette sûreté au plus haut niveau possible.

Ainsi pour se résumer, le développement se manifeste par une mobilisation active du facteur de culture (ou de capital humain) privée non marchande. La société idéale n'est pas une société

[66] Et de la langue !

[67] Plus que l'action de l'Etat, qui peut devenir elle-même oppressive après un certain point, c'est la qualité de la société elle-même qui peut être poussée sans modération.

uniquement marchande ou très étatique mais celle qui utilise au mieux la culture non marchande, la laisse le plus librement s'exprimer et fait les efforts nécessaires pour la développer. Sur ce plan comme sur d'autres que nous évoquons dans ce modèle MIE, les aspects culturels et économiques sont étroitement mêlés[68].

A côté des éléments qui facilitent le passage de l'argent au bonheur, la fonction d'utilité doit intégrer aussi des éléments négatifs ; on en retient ici deux :

La pollution **Pol** dans un certain nombre de domaines (air, eau, bruit, paysages…). On sait par exemple que dans les régions urbanisées et industrielles de Chine et d'Extrême Orient (Shanghai, Pékin…) les taux de particules dans l'air sont souvent dix ou vingt fois plus élevés que les normes acceptées en Occident. C'est la raison pour laquelle beaucoup d'Asiatiques portent des masques en permanence[69]. Le capital-santé H7SA en est durement affecté, comme en témoigne le nombre de cancers. Leur croissance économique tant vantée n'y est donc pas synonyme de développement et de bonheur, du moins pour les populations qui ne parviennent pas à protéger

---

[68] Les voyages nous mettent parfois au contact de signes de « développement » ou de « bonheur ». Par exemple, nous avons observé que les sociétés ou les pays vraiment développés et heureux ont généralement un artisanat authentique (pas seulement mercantile) et vivant. Des pays comme l'Albanie ou des anciennes républiques d'URSS ont inversement été « passées au Kärcher » par des décennies de pouvoir communiste et on peut aussi voir ce phénomène négatif d'absence d'art populaire et d'artisanat dans des sociétés longtemps asservies ou ayant perdu leur identité. Dans certains pays de l'est européen néanmoins, la parenthèse communiste a été trop courte pour faire des dégâts irrémédiables. Songeons qu'en Hongrie, les vignerons avaient perdu la main (même à Tokay !) et ont dû réapprendre leur métier ; mais ils l'ont fait car la tradition n'était pas morte et parfois grâce à l'aide de vignerons français !

[69] Masques qu'on leur envie parfois ?

leurs logements par des purificateurs d'air. Les grandes métropoles du Tiers Monde sont également touchées par le fléau de l'entassement, de la saleté et des pollutions diverses.

Pres : il s'agit cette fois de la pression sociale, ou encore des pertes de libertés subies dans la vie privée du fait des obligations[70],interdictions, règlements, acharnement médiatique … La source de cette montée des pressions est souvent d'origine étatique[71] mais elle peut aussi être religieuse dans certains pays[72]ou encore refléter la force du « politiquement correct » et de la propagande des médias. Remarquons qu'il ne s'agit plus ici de souligner l'impact bien réel de ces restrictions sur la croissance du PIB mais de montrer celui qu'elles ont directement sur l'utilité du consommateur et le bonheur privé, à revenu ou PIB donné.

Parmi les cultures humaines, nous avons envisagé H2ER comme une culture de responsabilité et de prise de décision en environnement risqué. Tous les domaines de la vie sont concernés et ceux de la sphère privée également. Les pressions sociales sont des limitations de cette aspiration à décider et affectent par conséquent l'utilité et le bonheur. Ce dernier n'est

---

[70] Si la France des années soixante était particulièrement heureuse ce fut pour une variété de raisons : fin de la guerre, présence d'enfants nombreux, croissance économique, dignité politique, mais aussi parce qu'elle découvrait massivement l'auto-mobilité. Celui qui n'a pas vu la joie d'une famille de ce temps devant une 4CV achetée d'occasion, ne comprendra jamais comment on peut transformer de l'argent en bonheur. Ce paradis s'est progressivement transformé, sinon en enfer, du moins en un purgatoire à régime sévère sous l'effet des politiques de répression routière de l'État. D'où les « gilets jaunes » et les radars qui brûlent !

[71] Les lois mémorielles ou la récente loi Avia sont des exemples des pressions sur la liberté d'expression.

[72] Voir ainsi comment le mode de vie s'est modifié en Turquie en quelques décennies de pouvoir islamiste.

pas seulement lié à l' « avoir » et à l'« être »[73] mais également au « faire » et au « dire ».

La politique du confinement menée à l'occasion de l'épidémie du Covid 19 a montré très clairement la perte massive de bonheur occasionnée par les contrôles policiers et toutes les autres pressions subies par la population à cette occasion. Mais la montée régulière des pressions liberticides depuis un demi-siècle et l'avènement progressif d'un univers de traçage « orwellien » jouent plus généralement un rôle considérable sur nos pertes de bonheur et de véritable développement.

Dans un essai précédent, nous avions également noté le rôle plus général joué par le facteur d'organisation O ou les « coûts de transaction » subis : bureaucratie, démarches, files d'attente... dont l'influence déborde du champ d'économie marchande pour marquer la vie courante. Ce facteur et en amont la qualité administrative Adm, peuvent aussi figurer dans la fonction, leur impact étant proche de celui de la pression sociale, en version plus « soft » toutefois.

Ainsi, l'équation de développement ou d'utilité pourrait se présenter ainsi dans le prolongement de MIE :

(10) U = U (Y, H4C, H5PU, H6V, H7SA, H8SU, H9p, O, Pol, Pres)

En conséquence, le modèle suggère d'appeler développement ce qui permet d'accroître U et considère que cette équation (10) convient pour l'ensemble des pays du monde, riches ou pauvres.

---

[73] Cette phrase fait allusion à la conception du développement exprimée par le pape Paul VI dans son encyclique « Populorum Progresio » de 1967. Il indique en particulier qu'il est très souhaitable « d'**avoir** plus pour **être** plus ».

Même s'il est impossible d'habiller numériquement cette équation, elle peut guider la réflexion dès lors que s'appliquent les règles habituelles des fonctions de production (ici d'utilité ou de bonheur). Ainsi par exemple, la règle de décroissance des productivités marginales nous dit qu'une progression du facteur Y (PIB ou revenus monétaires gagnés), en maintenant fixés les autres facteurs positifs ou négatifs, fera certes augmenter le bonheur mais de moins en moins. C'est évidemment ce qui arrive quand beaucoup d'aspirations ont déjà été satisfaites et c'est ce qui survient dans nos sociétés « blasées ». Mais on ne peut s'arrêter à ce constat pessimiste et il est évident qu'un développement de H9p[74] et une baisse des deux éléments négatifs sont susceptibles de redonner du tonus à l'utilité marginale des revenus monétaires. Il en est exactement de même pour les pays pauvres et ceci peut justifier qu'une augmentation du produit ne puisse être créatrice de développement si elle sacrifie la culture privée ou si elle laisse croître l'insécurité, la pollution, la perte des libertés personnelles courantes ou de l'identité des peuples.

Utilité subjective et mentalités

Il reste un point considérable à propos de cette fonction d'utilité collective : elle présente des caractères différents d'un pays à l'autre en fonction des mentalités. La plupart des influences des variables retenues dans l'équation 10 sont prises en compte différemment. La sûreté, la santé et bien d'autres grandeurs s'apprécient de façon très variable en fonction du lieu où on les

---

[74] Encore une fois se vérifie la place prépondérante dans MIE d'une progression des « cultures humaines » y compris de celles qui n'ont pas de rapport avec la production de marché et de celles (H_p8) qui dépendent surtout de la transmission familiale. A notre époque, la transformation rapide d'une grande partie de la population mondiale en zombies « accrochés aux écrans » n'est manifestement pas un signe avant-coureur d'une progression du bonheur.

considère parce que les valeurs communément admises dans un pays lui sont spécifiques. L'impact de la culture de croyance s'analyse aussi en ces termes. Il est de par le monde des sociétés **plus** ou **moins** religieuses, donc **moins** ou **plus** adversaires du risque. Par conséquent, le souci de la santé, la peur de la mort, la couardise ou la bravoure sont variables selon les pays mais aussi d'une époque à l'autre. Lors de l'épidémie du Covid-19 en 2020, on a tout à la fois noté l'extrême aversion au risque, voire la panique de larges pans des sociétés occidentales touchées et le flegme et le fatalisme prévalant dans les pays d'Afrique et même en France chez les populations d'origine africaine. A cet égard encore, la France de 2018-2020 ne ressemble plus que « de loin »[75] à la France vaillante de 1918, comparaison rendue encore plus cruelle par les derniers échos d'une commémoration centenaire surréaliste.

Le déroulement de MIE, poussé jusqu'au développement est résumé par le tableau 5-1 ci-dessous. En aval du PIB par tête, celui-ci et d'autres variables sélectionnées dans l'équation 10, conduisent au développement ou à l'utilité maximisée par les consommateurs.

[75] « Les Inconnus »

Tableau 5-1
Maquette générale du modèle de développement

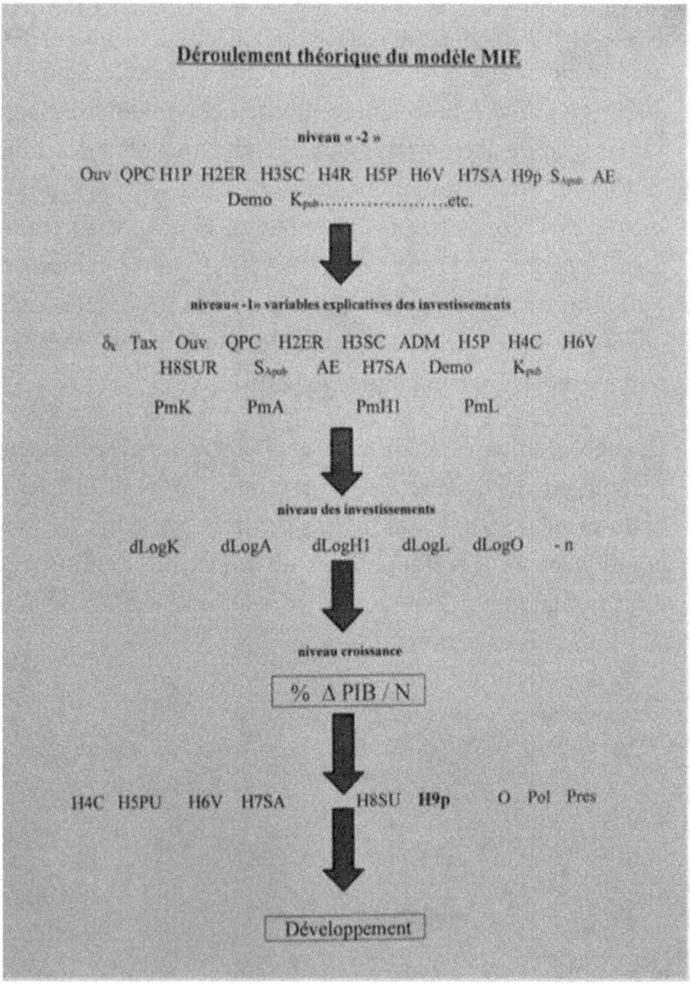

Lexique

Y, le PIB ; K, le capital physique ; L, la quantité de travail ; H1, la culture humaine de production ; H2ER, la culture entrepreneuriale et de prise de responsabilité ; A, l'agrégat des techniques ; O, le facteur d'organisation ; Tax, la variable fiscale ; K_{pub}, les équipements publics ; Adm, la qualité administrative ; Ouv, l'ouverture extérieure ; AE les progrès de gestion ; H3SC, la culture scientifique ; H4C, la culture de croyance ; H5PU, la puissance ; H6V, la volonté de réussite ; H7SA, le capital-santé ; QPC, la qualité de la politique conjoncturelle; δ_k le taux de dépréciation du capital physique ; A_{pub} les investissements publics de recherche.

Essai 6

Vers la Révolution Industrielle

« *On dit que l'esprit commercial donne naturellement aux hommes l'esprit de liberté. Montesquieu*[76]*l'a assuré quelque part. La chose est vraie en partie. Mais je pense que c'est surtout l'esprit et les habitudes de la liberté qui donnent l'esprit et les habitudes du commerce ...* » et : « *Voulez-vous savoir si un peuple est industriel et commerçant ? Ne sondez point ses ports, n'examinez pas la nature de ses forêts et les produits de son sol. Toutes ces choses s'acquièrent avec l'esprit du commerce et, sans l'esprit du commerce, elles sont inutiles.* ***Cherchez si les lois de ce peuple donnent aux hommes le courage de chercher l'aisance, la liberté de la poursuivre, les lumières et les habitudes qui la font découvrir et l'assurance d'en jouir après l'avoir trouvée »***

Alexis de Tocqueville, « Voyages en Angleterre et en Irlande » (1835).

« Le progrès ou le recul d'une société dépend étroitement de son système de valeurs ».

Michel Malherbe : « Les langages de l'humanité » (2010)

Si le modèle MIE peut se construire, alors même que sa validation empirique s'avère probablement difficile *a posteriori*, c'est au prix d'hypothèses qu'on se devra de croire

[76]Montesquieu, ***L'esprit des Lois.***

suffisamment solides. L'Histoire nous les propose à profusion. Connaître les expériences du passé et sous les cieux les plus variés est le seul chemin solide pour construire un modèle théorique de croissance et de développement. En pratique, deux angles d'observation sont disponibles : le premier est celui du parcours économique des peuples et nations du passé tel qu'on le retrouve dans les travaux de Simon Kuznetz, Angus Maddison et autres David Landes ; le deuxième est plutôt celui des communautés et leur manière de s'intégrer dans les pays d'immigration car c'est surtout dans ce cadre et « en parallèle avec d'autres groupes du même type » que l'on touche du doigt l'importance des facteurs religieux, culturels et des mentalités pour produire le succès économique[77]. Ces deux approches convergent dans leurs implications et justifient conjointement les hypothèses exprimées par MIE. Ici, en examinant la grande divergence de la Révolution Industrielle, nous adoptons principalement la première.

Une divergence massive au profit de l'Occident

A l'origine, la croissance s'est élevée dans une partie du monde seulement : l'Europe, l'Amérique la rejoignant plus tard ; cette « Révolution Industrielle » géographiquement limitée, a suscité de nombreuses recherches et discussions. Leurs nombreux auteurs proposent des hypothèses partiellement concurrentes mais souvent plutôt complémentaires qui peuvent s'accrocher aux fonctions d'investissement développées dans MIE et à ce qui les a préparées. Si un facteur de croissance a progressé dans un pays déterminé aux XVIIème et XVIIIème siècles, il a pu

---

[77]Les leçons apparaissent clairement dans les ouvrages analysant l'intégration des émigrants aux États Unis, tels ceux de Thomas Sowell, de « L'Amérique des Ethnies » (1983) à « Race, Politique et Économie » (1986).

ensuite entraîner d'autres facteurs et finalement la croissance d'ensemble, par le chassé-croisé des incitations décrites plus haut par le modèle MIE, soit principalement les productivités marginales et les conditions d'organisation. Et il n'y a pas de raison de renoncer à chercher plus haut, dans le passé des siècles précédents. Positionnés dans le schéma proposé dans l'annexe, nous recherchons la semence de croissance aux niveaux -1, -2, -3 … au fur et à mesure que l'on remonte dans le temps jusqu'au Moyen Age. Un fait ou une pensée du XIIIème siècle donne lieu à une cascade de conséquences matérielles et intellectuelles faisant boule de neige et se répartissant finalement sur les déterminants divers de la croissance du capital physique au début du XIXème siècle. A l'estuaire de la Révolution Industrielle, la croissance et le développement économique ont reçu les eaux des sources du fleuve et de ses affluents bien en amont. C'est donc une remontée à contre-courant à laquelle nous convie le modèle explicatif MIE.

Pour l'Occident, la Révolution industrielle a fait se débloquer le verrou Malthusien. Cela s'est produit quand les PIB ont progressé à un rythme plus rapide que celui de l'accroissement de population, dégageant ainsi une variation significativement positive du revenu par tête. Jusqu'à la fin du XVIIIème siècle ce ne fut pas le cas durablement et les progrès éventuels ne se traduisaient temporairement que par la croissance de la population. Pourtant, les historiens économistes signalent quelques « faux départs » ou « rendez-vous manqués » vers le développement économique, le plus connu des Européens de l'Ouest étant celui du XIIIème siècle, chaque grande civilisation (Chine[78], Islam) en ayant aussi connu un ou plusieurs de son

[78]Maddison (2004) indique que la Chine domina largement l'Occident entre le V^ème^et le XVème siècle puis se fit dépasser. Elle développa beaucoup sa population néanmoins, ce qui constitue encore à l'heure actuelle un élément clé de sa puissance. Lire aussi Landes (2006)

côté (période Tang pour la Chine par exemple). Dans le cas européen, l'insécurité militaire liée à la Guerre de cent ans et les graves épidémies de peste ont probablement empêché un démarrage de la croissance économique, au moins au cours des deux siècles suivants.

La Révolution « industrielle » est dépeinte à juste raison comme l'avènement du **capitalisme**. Ce dernier est concrétisé par la force des investissements en **capital physique** dans le secteur de l'industrie manufacturière. Les recherches historiques mettent en avant la croissance de la rentabilité des investissements en capital physique et l'attribuent à une ou des « marches d'approche » concernant un facteur complémentaire déterminé parmi les quatre autres (Travail, Culture productive, Niveau technique et plus rarement l'Organisation). Tous ces travaux peuvent prendre appui sur la relation de MIE suivante donnant le taux de croissance du capital physique dLogK[79] (encadré 6-1).

Encadré 6-1 **Fonction d'investissement en capital physique**

$dLogK = F_k\ [\ f^e\ (O.\ (\alpha_K).\ L^{\alpha L}.\ H1P^{\alpha h1}.A^{\alpha A}.\ K^{(\alpha K\text{-}1)}\text{-}\ Tax),\ H2ER,\ H3SC,\ (Ouv\times\ H5PU),\ \delta\kappa,\ QPC,\ Adm]$

avec : $PmK = dY/dK = O.\ (\alpha_K).\ L^{\alpha}{}_{L}.\ H1P^{\alpha h}{}_{1}.A^{\alpha A}.\ K^{(\alpha_K\text{-}1)}$, qui est l'expression du rendement de l'investissement en capital physique.

S'il y a eu explosion de la quantité de capital au début du XIXème siècle c'est évidemment parce que le rendement des investissements s'est fortement élevé et ce, en raison de

[79] Reprise de l'équation 6 du modèle général.

l'augmentation de la quantité des facteurs complémentaires (O, L, H1P, A). Mais c'est encore sans doute parce que les autres déterminants de l'investissement, par exemple l'ouverture et la puissance l'ont fortement stimulé à cette époque précise. La grande aventure maritime et commerciale qui l'avait précédée l'avait préparé avec des investissements déjà considérables ; elle avait déjà imprimé une divergence certaine dans les niveaux de vie dès la fin du XVIIIème siècle.

L'ouverture au monde, synonyme d'accroissement du marché des idées est un facteur que mettent en évidence les propositions de Charles I Jones (1999). Cet auteur évoque le très long terme et la progression de la population depuis la Préhistoire et l'Antiquité. Il soutient que cet accroissement de la population est favorable à l'éclosion de nouvelles idées, donc au progrès technique. Néanmoins, cette position a une faiblesse apparente, c'est qu'elle ne tranche pas le point de savoir pourquoi ces nouvelles idées surviennent ici plutôt que là, en Occident à la fin du 18ème siècle et non en Extrême ou Moyen Orient ou ailleurs. Elle reprend un sens lorsqu'on la traduit en termes de mondialisation et de puissance et leur combinaison synergique. Ces deux atouts profitent aux pays qui affrètent des bateaux et obtiennent les idées parce qu'ils vont simplement les chercher dans toutes les directions en même temps que les biens.

Les moyens de puissance étaient donc essentiellement maritimes. A l'époque où ils se sont développés en Angleterre, en Hollande et en France ils se sont intégrés dans des dispositifs mercantilistes (exclusivité du commerce, puissance militaire) qui furent des motifs d'affrontements politiques et guerriers sur des théâtres d'opération très souvent lointains. Des compagnies soutenaient et concrétisaient les efforts des entrepreneurs commerciaux aux quatre coins du monde (Inde, Indonésie,

Afrique du Sud, Louisiane, Caraïbe, Extrême Orient, Canada) On peut donc admettre que cette « concurrence mercantiliste », symbole de la combinaison ouverture-puissance a constitué une étape indispensable vers la Révolution Industrielle. Elle reprend aujourd'hui un relief particulier dans un monde où la puissance demeure le catalyseur des bienfaits de l'ouverture internationale des biens, des facteurs et des idées.

A contrario, un pays comme la Chine renonce à l'aventure maritime après des débuts brillants au début du 15ème siècle[80] et refuse ensuite, comme à la fin du 18ème siècle de considérer les perfectionnements scientifiques occidentaux comme lui étant utiles. Les émissaires scientifiques (souvent des Jésuites) des puissances occidentales se sont amicalement empressés auprès des empereurs de Chine sans retenir leur attention. Au XVIIème siècle et dans un registre plus violent, les Japonais rompirent commercialement avec les Portugais catholiques au profit des Hollandais protestants, moins soucieux de les évangéliser. Ils persécutèrent de façon abominable les Catholiques japonais. Leur refus de la culture religieuse extérieure retarda leur développement économique jusqu'au dix-neuvième siècle et l'ère Meiji.

Dans la quête aux procédés techniques, les Européens pratiquèrent aussi l'espionnage, principalement entre eux, comme une forme de ces conflits pour maîtriser les avantages de l'ouverture, avec pour objectif la connaissance scientifique, les secrets de la navigation, le contrôle des approvisionnements,

[80]Angus Maddison (2001) rappelle à cet égard la situation brillante de la marine chinoise au début du XVème siècle et ses expéditions lointaines jusqu'aux côtes africaines. Il insiste sur la grave erreur que constitua l'abandon de cette politique d'ouverture jusqu'aux graves humiliations du XIXème siècle.

tous éléments toujours présents pour ce type d'intelligence et d'investigation[81].

Ainsi, les idées de David Landes (2000) qui portent sur la progression des techniques en Occident, concernent le stock de connaissances scientifiques et de procédés Elles nous apprennent qu'à la fin du 18ème siècle, les pays occidentaux possédaient un élan scientifique et un ensemble de connaissances techniques que ne possédaient pas, ou plus, les autres pays du monde, la Chine et le monde musulman en particulier. Elles semblent apporter l'éclairage le plus convenable sur la question des causes immédiates des investissements en capital physique orientés sur des machines et de nouveaux procédés techniques.

Le rétropédalage dans le temps nous amène dès lors à expliquer à son tour l'enchainement favorable de la culture scientifique H3SC vers les nouveaux procédés par : *« une combinaison puissante de la perception et de la mesure, de la vérification et de la déduction formulée en termes mathématiques, cette nouvelle méthode (qui) fut la clef de la connaissance »* [David Landes, (2000), page 269]. La recherche de l'origine de cet

---

[81]Le dix-huitième siècle foisonne d'exemples de ces aventures mettant en jeu l'ouverture et la puissance au service de l'économie nationale. On connaît la passion de Louis XVI pour la géographie et les découvertes mais dès le règne de Louis XIV et même bien avant, de nombreuses expéditions lointaines furent organisées. Ainsi par exemple, Amédée Frézier (1682-1773) fut envoyé pour reconnaître les côtes du Chili et du Pérou et au passage espionner les Espagnols dans leurs possessions coloniales. Il ramena des « fraisiers » de Chiloé et une quantité de renseignements agronomiques qui furent utilisés en agriculture par la suite. Cet exemple est inspiré par mon chauvinisme breton, Amédée Frézier ayant ensuite vécu à Brest et étant à l'origine des célèbres « fraises » de Plougastel. Mais cette anecdote est révélatrice du mouvement d'exploration scientifique de grande ampleur entrepris à cette époque.

avantage des pays occidentaux peut se faire à partir des forces qui guident la progression de H3SC, les « épaules de géants » que sont les connaissances, les mentalités nécessaires pour les accumuler, mais encore de la mondialisation faite de « grandes découvertes » et de « puissance ». L'ouvrage de Landes foisonne des interactions et des dynamiques qualifiées de « chassés croisés » par le modèle MIE de croissance. Les deux siècles qui précédèrent la Révolution Industrielle furent ceux des grands savants[82] dans tous les pays d'Europe de l'Ouest, de l'Espagne à la Grande Bretagne, en passant par la France, les Pays Bas …

Les théories de Douglass North et Robert-Paul Thomas (1973) sur les institutions et les « droits de propriété » prennent aussi leur rang dans les processus conduisant à la « grande divergence », en montrant la place du Droit et plus généralement des institutions dans le mouvement, ce que le modèle MIE traduit par une valeur adaptée des facteurs administratifs et d'organisation. Ils insistent sur des « droits de propriété » clairs et respectés favorisant le développement d'incitations à entreprendre, produire et vendre. Cette source de croissance correspond donc à ce qu'on appelle dorénavant l'économie des incitations ou l'économie de l'Offre. Comme pour les autres facteurs, il reste à déterminer quelle en est l'origine (volonté des gouvernants, mentalités, affiliations religieuses) et c'est la tâche que s'assignent les historiens économiques. La réponse est en partie évidente : le caractère légitime de la propriété privée tiré de l'évolution de la pensée philosophique et religieuse des siècles antérieurs. Dans l'optique de Douglass et North et comme le rapporte William J

[82]Mariotte, Leibniz, Huygens, Descartes, Newton, Buffon,…dont effectivement beaucoup de mathématiciens et sans oublier les Encyclopédistes.

Slattery (2019), beaucoup de penseurs du Moyen Age[83] avaient déjà posé les principes de base de la vie et du progrès économique : le droit à la propriété privée, la définition du juste prix, la légitimité du profit, le libre-échange, le crédit, l'intérêt, distingué de l'usure et l'hypothèque. Au 16ème siècle, l'analyse des questions monétaires fit un grand pas avec la découverte de la théorie quantitative de la monnaie par Nicolas Copernic et les universitaires de Salamanque.

L'approche précédente diffère de celle de Max Weber (1905) qui soutient que la révolution industrielle s'est produite en tirant parti de l'« éthique protestante ». L'idée de Weber c'est que la religion protestante, notamment dans sa version calviniste a été propice à des comportements et institutions nouvelles favorisant la croissance économique précoce de l'Angleterre et des Pays-Bas. Si la thèse est discutable, elle est néanmoins facile à intégrer dans une théorie de croissance où un rôle majeur est donné au progrès technique ou à l'accumulation des cultures humaines de production et d'entreprise.

A la culture humaine H3SC, préparant l'invention des techniques, elle peut adjoindre son influence sur la culture productive de type H1P, certains historiens ayant fait remarquer par exemple le rôle de la lecture de la Bible en faveur de l'alphabétisation[84]. Elle peut aussi ajouter ce que l'austérité

---

[83] Avec en premier lieu Saint Thomas d'Aquin. Bien avant lui, les siècles qui suivirent la fin de l'empire romain ont été aussi marqués par la reconnaissance de la valeur du travail manuel, mise en pratique par les moines d'occident. **C'est probablement la première et décisive évolution de mentalité favorable au développement économique.**

[84] Alvaro Pereira (2003) évoque l'augmentation du rendement privé de l'éducation vers la fin du XVIIIème siècle conduisant les familles à réduire le nombre d'enfants au profit d'une plus grande « qualité » obtenue par l'éducation. Il rapproche ce fait de la thèse de Max Weber en prétendant que les familles protestantes avaient pris de l'avance par

protestante en faveur de l'épargne et la justification morale de la recherche du profit apportent à l'édification de l'esprit d'entreprise, illustrant ainsi l'impact de la culture de croyance sur l'acceptation du profit. Enfin, la thèse explique la mobilisation croissante de l'offre de travail suivant l'avènement du protestantisme et provoquée par la suppression de nombreuses fêtes patronales fériées, dans un bouleversement survenu au 16ème siècle et dénommé parfois : « révolution industrieuse ».

Les thèses de Weber ont été assez vivement contestées, en particulier quand on a fait remarquer que la plupart des institutions favorables mises en place en Angleterre l'avaient été avant l'avènement de la Réforme d'Henri VIII, probablement entre 1350 et 1450. De même, William J Slattery (2019) rapporte que l'effet économique immédiat de cette Réforme fut plus une destruction d'un grand nombre de structures utiles (en particulier les monastères comme lieux de créativité technique et d'action sociale par exemple) liées au catholicisme. Trois siècles après, le premier ministre britannique Benjamin Disraeli considérait même que la Réforme anglaise avait finalement retardé de beaucoup la Révolution Industrielle, tout en lui donnant ses caractères les plus sombres de pauvreté ouvrière[85]. Dans « Droit, Législation et Liberté » T 2, Friedrich Hayek (1976) montrait plutôt son admiration pour les penseurs catholiques de l'Ecole de Salamanque et écrivait ceci : *« Dans sa forme la plus pure, cette éthique considère que le premier des devoirs est de poursuivre*

---

obligation de faire lire la Bible. Stephen Broadberry (2007) fait remarquer pourtant que l'éducation était assez également répartie et en progression dans une grande partie de l'Europe de l'Ouest, incluant des régions protestantes et catholiques. En France, par exemple, le XVIIIème siècle vit le développement de l'éducation des pauvres (l'œuvre de Saint Jean-Baptiste de la Salle entre autres).

[85]En partie à cause de la « révolution industrieuse » signalée plus haut.

le plus efficacement possible une fin librement choisie, sans se préoccuper du rôle qu'elle joue dans le tissu compliqué des activités humaines. C'est cette manière de voir que l'on appelle communément, de façon plutôt inappropriée l'éthique calviniste, alors qu'elle prévalait déjà dans les villes marchandes d'Italie au Moyen Age et qu'elle fut enseignée par les jésuites espagnols bien avant Calvin ». La pensée économique catholique s'était développée tout au long du Moyen Age et au début de l'époque moderne avec en particulier un intérêt soutenu pour les problèmes monétaires avec Thomas d'Aquin, Nicolas Oresme, Nicolas Copernic, Azpicuelta Navarro, Domingo de Soto, Bernardin de Sienne.

Il est probable que l'on ait exagéré la différence entre la religion protestante et la religion catholique[86] et finalement la controverse n'efface pas l'idée que la culture de croyance, transmise progressivement aux autres formes de culture humaine, est la semence du développement. Il demeure par conséquent que les mentalités façonnées par la religion chrétienne ont été, dans leur diversité, largement favorables au processus de croissance au cours de l'époque moderne (XVIème, XVIIème, XVIIIème). La condamnation de Galilée, aussi tard que lc XVIIème siècle, est un arbre isolé[87] qui ne doit pas masquer la forêt des progrès encouragés ou mis en œuvre par l'Église Catholique et les communautés protestantes de cette époque.

---

[86]La rupture de la Réforme a amené diverses conséquences et fait diverger les mentalités d'une façon qui conserve son actualité. Certaines formes « apocalyptiques » du protestantisme et leur puritanisme culpabilisant retrouvent une force inattendue dans notre monde contemporain et s'opposent plutôt à la croissance économique.

[87]On admet communément désormais que Galilée ne fut pas condamné pour ses positions scientifiques mais pour les conclusions qu'il en tirait sur le plan religieux.

On rejoint alors largement les considérations de David Landes à propos de la religion, des procédés techniques et du niveau de culture scientifique, en considérant que l'acceptation et l'emploi de nouvelles idées pour l'esprit d'entreprise, les nouveautés scientifiques, l'organisation et le Droit n'ont rien d'automatique mais relèvent de dispositions conscientes d'accumulation liées aux diverses capacités culturelles. Ces dispositions avaient été prises assez tôt et ont servi de base à tous les efforts d'investissement en culture ayant abouti à la Révolution Industrielle.

Conclusion

Considérant donc le modèle MIE de croissance invoqué ici, aucune de ces pistes historiques ne sort du schéma qu'il propose et aucune n'a de raison de dominer et a fortiori d'exclure complètement les autres. On a plutôt l'impression qu'elles se cumulent et se renforcent mutuellement pour constituer un potentiel et aboutir à la croissance beaucoup plus forte des pays occidentaux dès la fin XVIIIème siècle. Elles viennent alors définitivement à bout de la malédiction malthusienne. Au fur et à mesure que l'on remonte dans un passé lointain, les variables de culture humaine (les diverses variables H du modèle) prennent le dessus dans l'analyse et apparaissent comme les vraies semences du développement économique. C'est dans cette enfance de la société économique que se sont forgées les « mentalités » conduisant à ce développement, comme l'indique fort justement Michel Malherbe dans la citation placée au début de cet essai.

Une leçon théorique secondaire mais néanmoins importante nous est acquise après ce tour d'horizon historique, celle des rôles conjoints de l'ouverture et de la puissance. Dans les récits historiques concernant la grande divergence, on se rend compte que ces deux rôles sont plus complémentaires qu'opposés. Le mercantilisme nous a trop souvent été présenté, notamment dans nos cours d'histoire de la pensée, comme une attitude s'opposant à la mise en œuvre de l'ouverture et à la doctrine même du libre-échangisme. Dans la réalité, on observe plutôt une complémentarité authentique, valable encore aujourd'hui, entre l'ouverture (mondialisation) et la recherche de puissance qui est héritage intellectuel du mercantilisme et l'inspirateur direct de l'analyse géopolitique contemporaine. En disant que la puissance P est le catalyseur des effets de croissance dus à la mondialisation, le modèle MIE cherche donc à tirer un meilleur parti des leçons de l'Histoire.

Essai 7

Economie et Puissance

Nous venons de voir que les situations extérieures et la mondialisation expliquent largement la croissance économique des siècles passés avant et depuis la Révolution Industrielle. Les premiers pays à avoir décollé ont tiré parti de la mondialisation, y compris durant la période « mercantiliste ». La théorie de la croissance économique ne peut donc ignorer ni l'ouverture ni la puissance.

Dans le cas de l'ouverture et même si les modèles néoclassiques les plus simples n'en parlent pas directement, l'analyse des bienfaits du commerce international et notamment de l'agrandissement de l'aire du marché est toujours en arrière-plan des théories, ne serait-ce que parce que pour justifier le fait qu'on s'en tienne au « côté offre » de la question de croissance. Récemment, le degré d'ouverture figure souvent dans les études empiriques de type « équations de croissance comme l'un des éléments du potentiel. Il n'est donc pas nécessaire d'en débattre très longtemps, les théories du libre-échange de Smith, Ricardo, Heckscher, Ohlin…étant bien connues et acceptées par la plupart des économistes.

Dans le modèle à investissement effectif que nous soutenons et parmi les taux de croissance de facteurs susceptibles de réagir positivement à un niveau plus élevé d'ouverture, on trouve en premier lieu le taux de croissance du capital physique. Il se renforce du fait des perspectives de profit supplémentaire correspondant aux nouveaux marchés et aux efforts faits par les entreprises pour les conquérir. De même, le poids de la concurrence internationale génère en permanence une incitation à mieux organiser les facteurs de production. En premier lieu, les économies nationales se spécialisent en tirant un plus grand parti de leurs avantages comparatifs ; la structure productive obtenue par cette sélection devient donc plus efficace. En second lieu, l'augmentation de la taille des marchés provoque une progression de celle des établissements et donc des investissements de capacité produisant des économies d'échelle, tandis que les implantations trop petites, moins performantes, disparaissent. Au total, c'est l'élément d'organisation « O » qui progresse et les facteurs de production traditionnels (travail, capital, culture de production et procédés techniques) qui sont mieux employés. Cela s'opère via l'accroissement des divers investissements en capital physique, humain et technologique responsables des transformations souhaitées. La circulation du capital au plan international est aussi l'un des éléments moteur de l'évolution favorable.

Mais l'ouverture n'est qu'un des deux versants de la mondialisation et celle-ci a largement à voir aussi avec la puissance et ses effets. Comme nous la définissions plus haut : « *Dans le monde réel, la puissance est une caractéristique de la mondialisation, un catalyseur des effets bénéfiques de l'ouverture sur l'économie nationale et une défense contre ses effets négatifs* ». C'est à la puissance des pays qu'est consacré ce volet des applications du modèle. Nous l'aborderons en trois parties successives :

1) Qu'est-ce que la puissance en pratique ? Un vecteur d'atouts et de supériorités pris en compte par l'analyse géopolitique ! Les « indices de puissance globale » (IPG) pour 37 Pays, calculés pour 2016 par les géopoliticiens français de la revue « Conflits », illustrent la notion.

2) Que peut faire la puissance pour l'économie et la croissance ? La mondialisation et la puissance dans le modèle MIE, aux points de contact avec la théorie et les diverses fonctions d'investissement.

3) Quels enchaînements « croissance-puissance » ? Peut-on parler d'une croissance endogène par investissement de puissance ?

La puissance en pratique

La démarche des géopoliticiens français de la revue « Conflits » sous la direction de Pascal Gauchon et Jean-Marc Holz (2018) est la construction d'un indicateur composite, bâti à partir de caractéristiques primaires et employant des pondérations arbitraires mais de bon sens. A la base, ils repèrent 50 indicateurs particuliers de force ou d'influence, allant de l'étendue du territoire aux capacités militaires de projection en passant par les risques de conflit interne, l'attraction des étudiants étrangers et bien d'autres... Ils les regroupent en indices intermédiaires au nombre de six : **a)** « territoire, population, ressources » pour un poids de 15 % ; **b)** « forces armées » pour 20 % ; **c)** « stabilité et cohésion » pour 10 % ; **d)** « économie » pour 25 % ; **e)** « sciences et techniques » pour 15 % et **f)** « influence » pour 15 %. Par exemple, derrière la catégorie f, l'influence ou le « soft power », se cachent 10 indicateurs de base : diplomatie classique, représentations internationales, exportations d'armes, culture, exportation de biens culturels, notoriété de la langue, nombre d'étudiants étrangers, prestige sportif, prestige culturel, prestige économique des grandes marques commerciales...

En collectant les données relatives à 37 pays du monde (tous les pays les plus importants), les auteurs aboutissent à un classement général de la puissance globale : les Etats-Unis écrasent le classement, suivis de la Chine, de la Russie, de la France, du Royaume Uni et de l'Allemagne. Une bonne tenue relative en termes de territoires (présence géographique dans toutes les zones grâce aux DOM-TOM), la qualité de ses forces armées et son influence culturelle (soft power) expliquent pour une large part la position flatteuse qu'occupe encore la France dans ce classement.

Il semblerait donc que la situation de la France soit plutôt satisfaisante en termes de puissance, sous réserve que ce classement reflète bien plus l'héritage d'un glorieux passé qu'une progression contemporaine. Si la puissance est une forme de capital mixte matériel et humain, son élaboration, son maintien et son évolution obéissent à des dynamiques de basse fréquence de type héréditaire. Les diverses formes de politique : militaire, étrangère, économique, culturelle, énergétique, s'y consacrent et des investissements effectifs à long ou très long terme sont indispensables pour simplement maintenir cette forme de culture collective.

Dans le calcul effectué, la puissance « économique » est un des éléments (25%) de l'indice d'ensemble et l'un des fruits de la croissance économique tout comme le niveau de vie avec lequel il ne se confond pas. Six indicateurs de base sont sollicités (création de richesse, compétitivité, dynamisme ou croissance récente, présence à l'étranger, indépendance économique, monnaie) et composés à leur tour de plusieurs variables sous-jacentes. Dans le classement particulier qui lui correspond et derrière les « intouchables » Etats-Unis, la Chine pointe son avantage relatif et en Europe, l'Allemagne devance franchement la France. Le Japon (8ème du classement général) et la Russie (3ème) sont des exemples de deux puissances bien classées ayant en économie des performances antinomiques, relativement fortes pour le Japon qui est surtout une puissance économique et relativement faibles pour la Russie. La prise en compte de la puissance économique et de ses composantes suggère que la croissance économique est une cause de la puissance, à la fois cause lointaine par les moyens qu'elle procure et évidemment cause immédiate dans la mesure où elle en fait partie pour un quart. Le modèle MIE prétend que la puissance est à son tour une cause de la croissance à travers des transmissions nombreuses et différents aspects de ce qu'on appelle communément la « guerre économique ».

La surpuissance pour la croissance : l'exemple des Etats-Unis

En quoi les diverses facettes de la puissance favorisent-elles la croissance ? La géopolitique nous donne un nombre impressionnant d'épisodes instructifs de guerre économique. Dans certains des cas concrets où la puissance se manifeste, il est possible de l'impliquer pour l'un des facteurs particuliers. C'est vrai tout particulièrement de l'accaparement des technologies et celui des marchés extérieurs. Dans les deux cas, ceci passe par une maîtrise des mouvements de capitaux, matériels, financiers et immatériels.

Ainsi par exemple, des actions américaines en direction de certains groupes industriels internationaux concurrents visent à créer des monopoles technologiques au détriment des autres pays développés, qu'ils soient amis ou ennemis. L'arme de séduction financière est toujours utilisée, sous forme de rachat de sociétés innovantes : « J'achète cash et en dollars ! » n'est pas seulement la réplique célèbre du film « Les Barbouzes » de Michel Audiard mais une réalité qui a au moins l'avantage d'être conforme à la loi normale du marché. Mais, derrière la carotte financière se cache le bâton de la puissance et tout est bientôt fait pour obtenir coûte que coûte le résultat : les Américains chercheront notamment à prendre le contrôle d'un groupe intéressant en lui suscitant des difficultés pour s'implanter aux Etats-Unis ou en engageant des procédures judiciaires sous prétexte de lutter contre la corruption. Le droit et les tribunaux américains (l'extraterritorialité) tendent à s'imposer au plan international et ils s'efforcent d'affaiblir le potentiel des pays qui les gênent (voir par exemple le livre d'Éric Branca : « L'ami américain » (2017), qui évoque l'affaire Alstom et l'histoire plus ancienne des démêlés entre les Américains et De Gaulle dans les années 1960.

A la chasse para-légale à la technologie et aux nouveaux marchés extérieurs s'ajoutent encore souvent des procédés relevant de l'espionnage. La NSA poursuit activement sa quête d'informations économiques en ciblant même ses alliés[88] Il y a naturellement plus de secrets technologiques à percer chez les alliés les plus développés ! Ceci montre qu'un emploi de la puissance dans la guerre pour la technologie est une action directement et presque exclusivement orientée vers des concurrents se situant très près de la frontière technologique. Les pays pauvres en sont rarement les victimes et peuvent même en profiter par le ricochet des implantations des grandes multinationales. La guerre pour la technologie ne peut donc être accusée d'engendrer massivement la divergence au plan mondial, mais seulement au sein du peloton de tête de l'économie internationale.

Un rapport de la DGSI[89], dévoilé par le quotidien « Le Figaro » du 14 novembre 2018, montre quelles sont les méthodes utilisées par la superpuissance pour mener à bien sa quête de

---

[88] Se souvenir du téléphone portable d'Angela Merkel mis sous écoutes américaines et de sa protestation.

[89]Direction Générale de la Sécurité Intérieure, le contre-espionnage français. La proximité du terme « barbouzes » est évidemment le fruit du hasard !

technologie et de domination économique en utilisant le principe d'extraterritorialité du droit US mais aussi la réglementation sur les embargos[90]. La BNP a payé une amende de 9 milliards de dollars à la suite d'un embargo décidé unilatéralement par les Américains et concernant la Libye. La cyber-domination des Américains, associée aux menaces judiciaires, pose aussi le problème de la sécurité sur les informations sensibles et la technologie avancée des firmes françaises. La DGSI note encore les procédures de reconnaissance entamées par la justice US pour faire dévoiler les secrets stratégiques des firmes étrangères, contraintes de répondre à diverses accusations et à fournir des preuves de l'origine de leurs découvertes et ce parfois, avec la complicité quasi institutionnelle des cabinets d'avocats américains chargés de les défendre. Enfin, selon la DGSI, l'espionnage douanier, facilité par la procédure de présélection « Esta » des passagers désirant entrer aux Etats-Unis, offre encore des *« possibilités de captation d'informations sur des entreprises étrangères et sur leurs salariés se rendant aux Etats-Unis »*.

Les Etats-Unis ne sont pas les seuls à agir de la sorte et l'espionnage technologique chinois est aussi parfaitement connu. Les pratiques ne sont d'ailleurs pas nouvelles, les Etats-Unis ayant tiré naguère un parti scientifique important de leur victoire contre l'Allemagne, ainsi d'ailleurs que l'URSS de l'époque. Les savants allemands ont été contraints ou ont volontairement participé à cette chasse aux connaissances, pillage traditionnel d'après la bataille, qui se perpétue désormais sous d'autres formes.

---

[90] Voir par exemple le cas des sanctions contre l'Iran, auxquelles les groupes français Total, Peugeot, Citroën et Renault ont dû s'associer sous la menace de se voir interdire l'accès au marché américain.

En effet, en amont de la technologie A, le modèle MIE signale qu'une stratégie de puissance se déploie aussi à l'aide du « soft power » en direction des chercheurs et intellectuels étrangers, une forme de débauchage du capital humain ou culture scientifique H3. Bourses d'étude, accès à la notoriété internationale, bientôt seule permise par la reconnaissance anglo-saxonne et facilités matérielles de la recherche sont autant d'appâts. La langue anglaise utilisée dans les travaux de recherche et les procédures de validation contrôlées, voire corsetées par les Anglo-Saxons (revues, prix[91], classements internationaux...) sont aussi des éléments évidents de manifestation de puissance P, profitable aux États-Unis et qui déclenchent les débauchages. On a pu faire remarquer par exemple que les quatre candidats à la direction du FMI à la succession de Christine Lagarde et donc l'heureuse élue, la Bulgare Kristalina Georgieva (Harvard) étaient tous passés par les universités américaines.

S'agissant de la langue, la pratique systématique de l'anglais par l'Union Européenne[92]est désastreuse à cet égard car elle aligne les pratiques et les comportements des scientifiques et responsables du vieux continent sur ceux du nouveau et en fait souvent des supplétifs de la puissance américaine. Le prix de la « carpette anglaise » décerné en son temps au Gouverneur de la BCE, Jean-Claude Trichet, qui alla jusqu'à renier son pays dans son discours d'intronisation (I am not a Frenchman !) n'était visiblement pas usurpé.

---

[91]Quelle que soit leur nationalité, beaucoup de « Nobelisés » portent en réalité les couleurs des universités américaines.

[92] De Gaulle disait à ce sujet : *« le snobisme anglo-saxon de la bourgeoisie française est quelque chose de terrifiant »* et : *« Il y a chez nous toute une bande de lascars qui ont la vocation de la servilité. Ils sont faits pour faire des courbettes aux autres. »*

Tous ces éléments contribuent à doper l'accumulation de progrès technique par la superpuissance américaine. Une étude récente[93]fait aussi valoir que les multinationales américaines présentes à l'étranger ont de plus en plus tendance à extérioriser leur effort de recherche en embauchant sur place des scientifiques autochtones, notamment dans les pays proches de la frontière technologique[94]. Le pompage technologique se fait donc directement !

Dans le domaine des circulations de capital productif, la puissance permet aussi de choisir et d'amplifier les flux entrants et sortants et de maximiser ainsi la croissance des pays les plus puissants. On sait par exemple que les Etats-Unis accueillent en masse les investissements étrangers en profitant notamment de la prééminence du dollar[95] et de la sécurité qu'elle offre aux investisseurs tout en contrôlant juridiquement les contrats (un des éléments du soft power).

La Chine agit dans le monde avec les mêmes méthodes que celles des Etats-Unis (la surpuissance et le soft power en moins). Comme le dit Xavier Richet (2018) : « *La Chine est aujourd'hui présente sur de nombreux marchés et se trouve en position de contrôler et d'acquérir des firmes stratégiques (Syngeta en Suisse), des « champions cachés » (la firme Kuka Robotics en Allemagne) dans les grandes économies de marché, des matières premières dans les économies du Sud, notamment en Afrique* ». La pratique des « joint-venture » a été longtemps, mais moins désormais, une de ses armes favorites de captage de la technologie. Son exemple montre d'ailleurs que les stratégies

[93] Lee G. Branstetter, Britta Glennon, and J. Bradford Jensen (2019).
[94] Noter aussi l'usage des procédures d'homologation des découvertes, notamment pharmaceutiques. L'homologation américaine vaut partout, l'homologation française ne vaut pas aux Etats-Unis ; on voit vite l'implication …
[95] L'un des éléments du « soft power ».

de puissance sont flexibles et se déforment au gré des évolutions économiques générales et des résultats déjà atteints. La Chine mène aussi un jeu d'entrisme et de contrôle dans de nombreuses organisations internationales (OMS, FAO) ce qui lui permet par exemple d'accentuer sa pression en Afrique. Elle est accusée d'avoir mené un jeu sanitaire trouble au moment du « coronavirus » en s'abritant derrière l'OMS qu'elle contrôle.

De même, l'Arabie Saoudite intervient depuis longtemps en Afrique avec sa puissance financière liée au pétrole, même si ses buts sont moins strictement économiques à court terme. La force de corruption liée aux grandes masses financières des pays de la péninsule arabique n'est plus à démontrer, par exemple pour l'obtention des grands évènements sportifs ou le contrôle de leur diffusion télévisée.

Et la liste des effets de la puissance pourrait s'allonger sans difficulté. Ce qui précède est néanmoins suffisant pour démontrer que si l'ouverture internationale offre l'occasion d'échanges et de flux de facteurs a priori mutuellement bénéfiques, la puissance en action permet à certains d'en capter une plus large part au détriment des autres.

Pour élargir le lien

Les ressorts de cette action de la domination sont innombrables et diffèrent d'un pays à l'autre en fonction du degré de puissance et de la nature de cette puissance. La Chine n'agit pas toujours comme les États-Unis ni sur les mêmes zones géographiques, la France agit plus à partir de ses forces armées et par son influence culturelle et se montre souvent naïve sur d'autres plans[96]. Autrement dit, chaque pays a tendance à

[96] Voir certains procès intentés à des investisseurs français en Afrique (Vincent Bolloré), par la justice française dans des affaires de

utiliser ses armes relativement les plus fortes, ce qu'on pourra interpréter comme une extension à la « puissance » de la théorie ricardienne des avantages comparatifs…

Un certain nombre de pays de taille moyenne ont des outils de puissance non négligeables pour s'opposer aux entreprises des pays hégémonistes ou maintenir des avantages sectoriels. Il existe des moyens adaptés pour sortir des pièges juridiques évoqués ci-dessus à propos des États-Unis ; parfois l'union des pays agressés économiquement leur permet de résister aux pressions. Dans ce jeu de puissance en effet, il n'y a pas que les grands joueurs, chacun des pays du monde étant amené, en fonction de son niveau de force et de ses conditions géopolitiques spécifiques, à saisir les chances à sa portée, notamment en choisissant les bons parapluies. Un petit pays peut avoir quelques atouts liés à sa « mondialisation particulière » comme en témoigne le cas exemplaire de l'Irlande : Entre autres, la forte diaspora irlandaise aux États-Unis assure à l'Irlande un privilège constant en matière d'IDE en provenance de ce pays, privilège qui ne dépend pas seulement d'une fiscalité encourageante[97] mais des liens personnels et culturels[98]. Le classement de la Suisse (10ème) dans le palmarès « Conflits » est aussi un exemple de petit pays tirant honorablement son épingle du jeu de puissance.

---

corruption présumée. Ceci donne aux Africains quelques bonnes occasions de se réjouir à nos dépens…

[97] D'autres pays européens comme la Bulgarie en ont une encore plus attrayante.

[98] Ainsi que de l'influence électorale qu'exercent les Irlando-Américains, généralement « Démocrates ». Le retrait du Royaume Uni de l'Union Européenne posera un problème à l'Irlande du Sud au plan géopolitique. Elle risque de se trouver écartelée entre le monde anglo-saxon dont elle est une extension et l'Union Européenne sur laquelle elle avait construit sa stratégie de réunification.

Les pays engagent leur puissance relative dans toute une série de jeux particuliers en rapport avec la croissance économique, la technologie, le capital physique, le capital humain comme ci-dessus. Le but de ces jeux géostratégiques est de s'accaparer les facteurs de production les plus performants. Ils le font également en lien avec le déplacement des populations et du travail à l'échelle mondiale ou pour s'assurer une sécurité intérieure ou extérieure propice à la venue et au maintien des investissements étrangers. Par exemple, l'arme économique de la cohésion et de la paix intérieures doit être préservée : un pays « décomposé » ne peut connaître une croissance forte. Par exemple encore, les armées de beaucoup d'États africains sont mobilisées pour faire face aux menaces de déstabilisation islamistes au Sahel et font jouer leurs alliances entre eux et avec les puissances occidentales, la France notamment. On observe là un exemple clair du rôle de la puissance armée sur la croissance économique par la sécurité des ressources naturelles et des investissements extérieurs et nationaux. La mise en œuvre de la force ou sa menace ont depuis toujours constitué une garantie pour un approvisionnement en matières premières et une indépendance énergétique. Bref, la liste des liens entre la puissance et la croissance est interminable.

Pour se résumer, la mondialisation comporte deux aspects, l'ouverture internationale et la puissance, cette dernière donnant les moyens à un pays de tirer un meilleur parti de l'ouverture. Le terme de catalyseur semble alors approprié et la notation « Ouverture × Puissance » figurant dans le modèle MIE s'en trouve justifiée pour exprimer les causes extérieures de la croissance économique.

Un multiplicateur croissance-puissance ?

Reste donc à observer les enchaînements successifs dans les deux sens : de la croissance économique vers la puissance géopolitique qu'un pays en tire et de cette puissance géopolitique vers la croissance économique. Ces deux mouvements ne font guère de doute à ce moment de l'analyse. Évidemment, les enchaînements ne sont pas faciles à calibrer numériquement mais leur existence même est l'occasion d'évoquer une forme nouvelle de croissance endogène et son rôle dans l'absence de convergence du niveau de vie au plan mondial.

Partons simultanément des trois fonctions à dérivée positive : H5PU = F(Y), Y = G(H5PU) et Y/N = H(Y), avec : Y pour le PIB, H5PU pour « puissance » et N pour la population.

On lit que le PIB exprimé en valeur absolue renforce la puissance qui le fait progresser en retour. En admettant seulement l'hypothèse que la population évolue moins vite que le PIB, le niveau de vie Y/N s'accroît aussi. Dans l'indice général de puissance de la revue Conflits, le PIB et sa croissance sont des éléments de la puissance économique qui elle-même prend le quart du poids de l'IGP. Une liaison statistique positive sur les 37 pays, qui n'est qu'une simple concordance, apparaît effectivement entre cette puissance « économique » et les « autres formes » de puissance. Certes, la concordance, notée sur le graphique suivant, et exprimée par une corrélation de 0,9 ne prouve rien à elle seule et ne dit rien non plus du sens privilégié de causalité, mais une absence concordance aurait par contre été un arrêt définitif pour le modèle.

Graphique 7-1 « Puissance économique et « autres puissances »

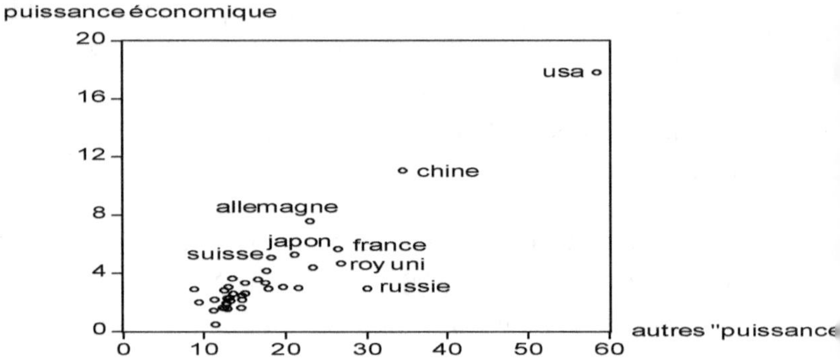

Légende : La puissance « économique » compte pour 25 % de l'IGP et les « autres puissances » 75%. La corrélation entre les deux grandeurs pour les 37 pays est de 0,91.

Un bref commentaire de ce graphique peut mettre en relief que certains pays sont des puissances essentiellement économiques : Allemagne, Japon, Suisse, situés au-dessus de l'axe directeur de la relation linéaire, et que d'autres, situés inversement en dessous, la Russie par exemple, ont surtout des atouts géographiques et par conséquent plus statiques. Cette « profondeur stratégique » de la Russie fit néanmoins merveille face aux armées napoléoniennes et allemandes.

S'agissant désormais du problème de convergence, il se pourrait bien que le multiplicateur croissance-puissance, *a priori* créateur de divergence entre pays puissants et faibles, soit trop limitée en intensité pour dominer les forces d'égalisation des revenus par tête entre pays pauvres et pays riches (essentiellement la diffusion de la technologie) mais ce multiplicateur existe bel et bien et tend ad minima à freiner cette convergence au niveau mondial. Par contre au sein du club des pays développés, la puissance est un réel facteur de divergence économique entre des pays prédateurs et des pays économiquement et culturellement soumis.

Le multiplicateur de puissance-croissance agit en partie de façon automatique, notamment à travers la progression du secteur privé des pays puissants (domination technologique, des normes et des marchés) mais il ne reprend de sa force qu'en fonction des ajouts de puissance, c'est-à-dire sous forme d'investissements effectifs ciblés. A l'heure actuelle, ceci rend d'ailleurs tout calibrage empirique très difficile, puisque c'est seulement l'évolution de la puissance que l'on doit opportunément rapprocher d'un surcroît ou d'une baisse de croissance économique. Enfin, les travaux sur la puissance sont encore trop nouveaux pour permettre une comparaison dans le temps.

Implications politiques

La considération de la puissance et plus généralement des conditions géopolitiques amène à considérer deux formes d'investissements en rapport.

La première forme concerne les investissements privés. Les entreprises françaises exercent des formes de puissance par leur présence à l'extérieur. Elles doivent garder et développer ces atouts, notamment en défendant leur capital et les diverses cultures humaines les plus précieuses, notamment technologiques, face aux diverses attaques dont elles font l'objet. Elles doivent aussi s'adapter aux conditions géopolitiques et aux particularités des pays dans lesquels elles interviennent à un titre ou à un autre, commerce mais aussi délocalisations. Les entreprises françaises commencent à le faire[99] et des associations sont créées pour porter cet effort. Dans leur politique extérieure, l'un des éléments les plus cruciaux est leur politique de recrutement de jeunes collaborateurs à l'esprit ouvert, doués d'empathie pour les autres peuples du monde[100].

S'agissant de la deuxième forme, l'investissement effectif et mesurable de puissance est essentiellement de nature politique et correspond aux choix de l'État dans les grands axes : défense, culture, recherche, diplomatie, alliances, intégration régionale, recherche de l'indépendance énergétique, santé morale ... Ils expriment une grande partie de la puissance non économique (les 75 % de l'IPG) dont des éléments sont soit immobiles, les facteurs géographiques, soit changent lentement, ainsi qu'à bien des aspects regroupés autour du facteur O d'organisation. Une croissance économique plus dynamique permet certainement à l'État d'y consacrer plus de moyens financiers et humains mais ne le dispense pas d'y penser concrètement et d'investir consciemment en moyens de puissance supplémentaire. Par exemple, si des pays comme l'Allemagne et le Japon n'ont pas développé leur influence militaire et leur capacité sécuritaire ce n'est pas par absence de moyens pour les financer !

Enfin pour terminer, il existe une circularité de raisonnement qui contribue à cette conclusion : mener consciemment l'investissement de puissance est aussi un signe tangible de cette puissance ! Un pouvoir exécutif clairement engagé dans cette direction est donc un atout appréciable qu'on devrait ranger dans l'indice IPG lui-même ; cet atout est d'ailleurs plutôt volatile, notamment dans les démocraties : Emmanuel

---

[99] Pour une brève introduction, voir David Simonnet (2017)

[100] Cet état d'esprit est l'une de nos caractéristiques nationales, un élément décisif du « pouvoir feutré » français. Il est malheureusement remis en cause par l'évolution de nos enseignements supérieurs.

Macron n'est pas Charles De Gaulle, John Major n'est pas Margaret Thatcher et Bill Clinton n'est pas Ronald Reagan. Les institutions politiques nationales, par leur propension à dégager de bons ou de médiocres dirigeants, constituent de ce fait un déterminant supplémentaire important de la puissance globale. En France, des réformes[101] tendant à faire émerger une classe politique moins médiocre constitueraient sans doute à terme un utile investissement de puissance, susceptible d'enclencher le multiplicateur croissance-puissance.

Conclusion

Un certain investissement en puissance s'impose donc à tous les pays de la Terre, aucun d'entre eux n'ayant ni l'intérêt ni même la possibilité d'échapper à la mondialisation ou aux luttes d'influence. Dans bien des cas, on doit interpréter l'expression des puissances comme des imperfections du marché international. Il ne serait pas réaliste de considérer qu'on puisse les faire disparaître car les grandes nations ne renonceront pas d'elles-mêmes aux avantages qu'elles leur procurent. Il n'existe donc de solution que la résistance et la réaction de puissance afin de « pourrir » les positions adverses et pour les moins forts de monnayer leur allégeance aux principaux acteurs. Avec l'aide de ce qui suit :

Dans le texte de cette partie nous nous sommes situés au plan national et avons évoqué ce que la recherche de puissance apporte à chaque pays particulier pour tirer un meilleur parti de

[101] Réduire l'importance de l'ENA par exemple ou toiletter la constitution de la Vème république pour redonner plus de légitimité aux gouvernants. Songeons par exemple que le Président Macron, indépendamment de ses qualités, a recueilli moins de 20% d'adhésion positive du corps électoral. C'est très peu en cas de gros temps ! Enfin, la position du pays au sein de l'Union Européenne et sa relation avec la politique nationale devraient être « clarifiées ».

l'ouverture économique. Au plan mondial, les choses se compliquent car les efforts parallèles des plus grandes puissances pour écraser les autres entament la mondialisation et réduisent l'ouverture et ses bienfaits pour tous par l'impact destructeur d'engorgement et de représailles. On en voit des signes depuis l'accession de la Chine au premier plan et la guerre commerciale menée contre elle par Donald Trump. Ainsi, le multiplicateur positif « croissance- puissance » serait susceptible de se retourner et de devenir globalement négatif si l'escalade de la guerre économique conduisait à un repliement néo-mercantiliste de dé-mondialisation.

Sur chaque problème y a donc un point d'équilibre « coopératif » ou « non coopératif » à trouver par la négociation mais certainement différent selon les positions de force.

Essai 8

Le déclin de l'économie française, problèmes et solutions

Nous soutenons la thèse selon laquelle toute stagnation est largement reliée à l'ampleur et aux actions de l'État. Pour la France plus spécifiquement, elle s'accorde avec la coïncidence d'une progression continue de la sphère publique dans les périodes où se préparait et se constate le déclin du potentiel économique national. L'État est mis en cause parce qu'il pose des freins aux investissements des facteurs ou ne contribue pas suffisamment à les développer. En creux, l'analyse de la stagnation française suggère des mesures à prendre…que nous soulignons !

Graphique 8-1 Croissance annuelle du PIB en France

Source : calculs de l'auteur sur données Eurostat

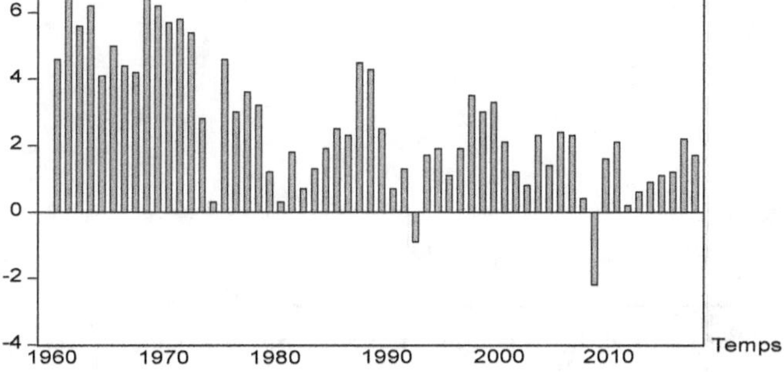

La baisse tendancielle de la croissance française n'est plus à démontrer. Au bon temps du miracle français, sous Georges

Pompidou, la croissance du PIB par tête avoisinait les 5 % puis elle est passée à 2 % après 1975 et à moins de 1 % depuis 1990 (hors crise). Cette stagnation mérite réflexion, d'autant que le pouvoir d'achat disponible réel hors prélèvements connaît probablement une évolution encore plus désastreuse. L'Etat est impliqué de différentes façons ; il est même mouillé jusqu'au cou et principalement par sa fiscalité, le droit et l'éducation. Nous retrouverons ces trois éléments dans ce qui suit mais poursuivons certains constats.

Dans un premier temps, nous amorçons l'expression de la stagnation française par des **investissements insuffisants en capital physique**[102]. Comment l'expliquer ? Rappelons que la fonction de progression nette du capital comprend ces variables explicatives : le profit anticipé à base de productivité marginale du capital, les taux d'imposition, le capital humain entrepreneurial, les conditions de la mondialisation (ouverture et puissance), les évolutions administratives, la qualité de la politique conjoncturelle d'évitement des crises et enfin le taux d'obsolescence du capital existant.

[102] On rappelle que cinq facteurs de croissance sont retenus par le modèle MIE : l'organisation, le capital physique, la culture humaine de production, le niveau technologique et la quantité de travail. Ainsi, on pourrait entamer le débat du déclin de multiples façons. Après l'investissement en capital physique, toutes les autres variables seront réintroduites.

Graphique 2 **Taux d'investissement en capital physique (1961-2016)**

Source : Calculs de l'auteur sur données Eurostat

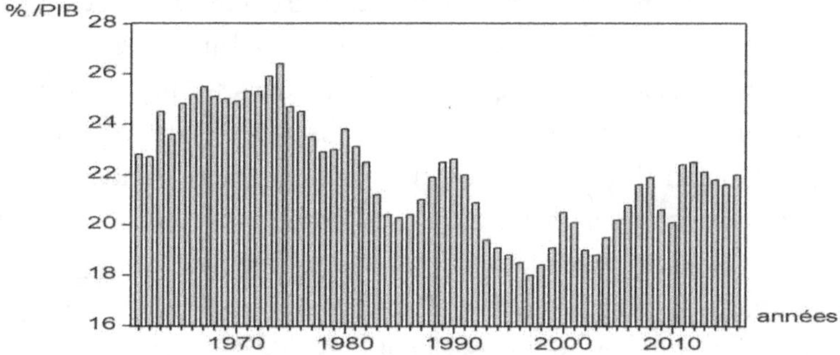

Certaines de ces variables attirent l'attention sur une diminution du désir et de réalisation des projets conduisant à une augmentation du capital physique. L'imposition effective moyenne des bénéfices est en France de l'ordre d'un tiers et l'une des plus fortes du monde. Elle représente 4,2 % de la valeur ajoutée des sociétés françaises. Même si la productivité marginale du capital reste correcte, les incitations à l'investissement en sont bien évidemment réduites. Cette imposition s'est aggravée sous François Hollande, à une époque où la plupart des pays la réduisaient et où globalement la concurrence des autres pays du monde pour attirer les projets se renforçait. Les autres charges de type fiscal ou social ne permettent en aucun cas de la compenser, bien au contraire. Considérant les prélèvements obligatoires sur l'ensemble des sociétés manufacturières (source : Coe-Rexecode, Eurostat) pour 2017, on se doit d'ajouter les impôts sur la production et les cotisations sociales. Le total obtenu correspond à 27,9 % de leur valeur ajoutée. Une comparaison avec l'Allemagne (17,2 %) montre que cette différence de plus de dix points représente une surcharge française de l'ordre de 25 milliards d'euros.

Évidemment, le poids de l'État sur l'économie française est bien trop lourd, tant en valeur absolue que relative.

La seule bonne nouvelle est qu'il y a une bonne marge pour une politique de réduction rapide de cette fiscalité. Il est à cet égard intéressant de suivre les conséquences sur l'investissement des réformes fiscales américaines de 2018 dans un pays qui partait lui-même d'assez loin. La réforme fiscale de bon sens réalisée par Donald Trump marque un changement des mentalités et devrait débloquer la réflexion en Europe (savons-nous penser les réformes salutaires par nous-mêmes ?). Au plan opérationnel, la réduction d'impôts fait partie du club très restreint des mesures susceptibles de relancer très vite l'investissement et la croissance. La crise économique succédant à la pandémie de 2020 serait une occasion extrêmement favorable de prendre une décision de baisse drastique du taux d'impôt sur les bénéfices des sociétés ; cette décision serait de plus très adaptée à la situation conjoncturelle. Elle aurait aussi l'avantage psychologique de fournir une réponse pertinente à tous ceux qui souhaitent une certaine réindustrialisation. A condition qu'elle soit crédible, une simple annonce suffirait à relever le taux d'investissement dans le creux de la crise à venir faisant ainsi d'une pierre deux coups. Certes, l'annonce la plus crédible serait le déclin des dépenses publiques mais là, à l'inverse, la crise des déficits publics risque bien de l'empêcher une fois de plus.

Une deuxième raison de l'insuffisance des investissements est le progressif affaiblissement de la capacité à affronter et à gérer le risque. On assiste à une baisse progressive de la culture d'entreprise. Or, celle-ci est le catalyseur qui commande l'effectivité de l'investissement. Nous rappelons ici le travail des auteurs de la Federal Reserve Bank of Saint Louis, Nestor Gandelman et Rubén Hernàndez-Murillo (2015), qui offre une

occasion d'illustrer concrètement la situation française. Ils ont calculé le *coefficient d'aversion face au risque (r)* pour 75 pays. Révélant la très forte dispersion des estimations au sein de ce groupe, ce coefficient fournit des comparaisons entre les pays. La moyenne étant proche de 1 pour l'ensemble, on observe une valeur de 1,43 pour la France, contre 0,35 pour l'Irlande[103], 0,77 pour l'Allemagne, 0,83 pour le Canada...Seules la Belgique, avec 1,55 et Taiwan avec 2,45 dépassent notre taux national d'aversion pour le risque dans les pays développés (calculs pour 2006).
Le glissement vers la peur est ancien, débutant à peu près au début des années soixante-dix, par une évolution des mentalités vers une recherche de sécurité à tout prix et une éducation des enfants en rapport.

<u>Encadré 8-1</u> D'une coupable négligence des cultures humaines...

Coïncidant avec le retour du Général De Gaulle en 1958, une vague d'excellents « serviteurs de l'Etat » souvent issus des rangs de la Résistance, a pris les commandes des ministères et des mouvements politiques soutenant le Général. Dans le domaine éducatif, ils avaient par à faire face à l'arrivée massive des enfants du baby-boom dans les cycles secondaire et supérieur, pour lesquels il importait de réunir les moyens financiers et de construire les équipements. Cette opération « baby-boom » fut matériellement réalisée de façon remarquable. *A contrario*, l'aspect culturel fut laissé complètement de côté, ou plus exactement laissé du côté de la gauche, charmée de jouer ainsi les « coucous » dans le beau nid bâti par la Cinquième République. Se forma alors la trop fameuse « génération de 1968 », interprétant durant les décennies suivantes le rôle d'Attila de la culture nationale et

[103] L'Irlande est sans nul doute le pays le plus libéral de la Zone Euro. En témoigne l'extraordinaire adaptation de ce pays après la crise de 2008-2011.

libérale. Que dire ? Les gaullistes « de terrain » n'aimaient guère les intellectuels et ne s'intéressaient pas beaucoup aux questions culturelles[104].

L'école uniformise la formation des garçons et celle des filles au détriment de l'esprit d'entreprise. L'Etat a aussi beaucoup contribué à instiller ces sentiments de crainte permanente de l'accident, de la maladie et des risques normaux de l'existence[105]. Les mentalités ont été progressivement infléchies par la mise en œuvre du système de sécurité sociale, de prévention sanitaire et par les politiques de répression routière, qui ont beaucoup fait pour changer le regard porté sur la liberté individuelle et sur le rôle de l'Etat.

Il s'agit là d'un constat pas d'un jugement ! Dans les trois cas, l'exercice de la liberté individuelle est moralement discrédité au profit d'objectifs sociaux pour lesquels l'État se donne le beau rôle. On peut considérer que dans une société libre, la liberté s'exprime concrètement dans les divers « segments » de la vie des gens (production, santé, religion, éducation, commerce, automobile, tourisme, sport, culture et bien sûr le débat politique, l'information etc.). C'est dans ces différents domaines que les individus ont la possibilité d'exercer leur culture de responsabilité, s'il leur en reste[106]. L'évolution

[104] Une exception notable, Georges Pompidou, qui fut heureusement choisi par le Général lui-même. Et Malraux bien sûr... mais son influence intellectuelle resta cantonnée à son domaine (grandiose ou grandiloquente, c'est selon...).

[105] On l'a constaté abondamment en 2020 à l'occasion de la pandémie du Covid 19; cette fois la crainte était sans doute en partie justifiée mais fut très largement exagérée.

[106] Les dénominations à la mode telles que : attitudes « civiques », actions « citoyennes », « comportements responsables » (i.e. sans responsabilité !) ne sont que les cache-misère du simple mot

conjointe de ces libertés « concrètes » particulières montre si une société devient plus ou moins libérale. Comme pour la « puissance » il serait d'ailleurs possible de créer des « indices de liberté » et c'est ce que nous verrons plus loin pour ce qui touche aux libertés économiques. Ainsi à notre époque, en France, l'existence d'internet a fait croître un certain type de libertés mais presque tous les autres segments sont en recul marqué. Beaucoup d'« espaces d'autonomie » deviennent de plus en plus exigus. Avec cette restriction, la responsabilité personnelle est gravement entamée et la quantité de bonnes décisions prises se réduit[107].

Notons enfin, pour porter la question du côté de la pratique politicienne, que le souci des diverses libertés évoquées ne s'incarne dans aucun mouvement partisan. Aucun des grands partis français, de l'extrême droite à l'extrême gauche, ne s'en préoccupe ; tous sont étatistes[108]. Le « parti des libertés » n'existe tout simplement pas !

« soumission ». Elles sont malheureusement les mieux connues de nos enfants.

[107] Se souvenir que la culture entrepreneuriale et de responsabilité H2ER est utile partout, dans tous les rouages de la société et à tous les échelons de ses organisations privées et publiques. Mais en même temps, le principe de précaution joue aussi partout son rôle destructeur, certains acteurs n'hésitant pas à manœuvrer [droit de retrait de la part des syndicats mais aussi, défossement systématique prémédité de l'Etat. Par exemple, le retour aux 90 kms/heure promis par Emanuel Macron aux « Gilets Jaunes » a été « détourné en route » par le jeu d'une implication des Départements, intimidés en particulier par le rappel d'une menace de responsabilité judiciaire ! Ce ne fut évidemment pas innocent mais l'Etat lui-même en a été victime sur d'autres plans ; c'est un peu l'histoire de l'arroseur arrosé !

[108] Seules les considérations économiques aident à sauver quelques libertés comme on l'a bien constaté en mai 2020 quand les mesures d'emprisonnement de la population ont été levées. Le seul argument ayant eu droit de cité face à la panique générale fut la nécessité de

Les media ont constamment relayé ce courant qui correspond à l'émergence de nouvelles formes de socialisme « de redistribution » où toutes les catégories de questions : santé, accidents, inégalités réelles ou supposées, pollution, réchauffement, anti-spécisme... souvent agitées et grossies par des minorités agissantes, instrumentalisent l'État et l'invitent à réglementer la vie des gens et des entreprises jusque dans le moindre détail.

L'apparition de ces minorités est souvent liée aux évolutions de mentalités et de culture religieuse. La réalisation de l'Union Européenne et l'influence de ses pays du Nord, la mondialisation « à l'américaine » (Halloween en est un signe anecdotique mais révélateur) marquent en France la progression d'idées dérivées d'un protestantisme puritain et apocalyptique, l'une des sources des fondamentalismes « verts » antihumanistes et de la culpabilisation occidentale. La marque catholique, mal défendue par une Eglise de France en décadence[109], s'est considérablement affaiblie au point de ne quasiment plus apparaître. Des « Tontons flingueurs » à Greta Thunberg, c'est une profonde mutation mentale du pays, grosso modo du catholicisme sociétal latin vers un avatar janséniste ou

---

déconfiner pour éviter une crise économique trop grave ; le détail même des premières mesures de déconfinement progressif et en particulier l'exclusion du culte religieux et des libertés personnelles d'aller et venir le fait apparaître clairement. Alors merci qui ? Merci l'économie !

[109] Pour « coller au monde », l'Eglise de France a fait le choix du socialisme à la fin des années soixante du XXème siècle, marquant ainsi une rupture avec sa tradition immémoriale de soutien à la propriété privée, aux valeurs de liberté individuelle, de responsabilité personnelle et de travail. Comme le dirait sans doute Alain Besançon (2002) elle a finalement succombé à la « tentation démocratique », entérinant ainsi son effacement social en l'éloignant de sa mission première : « enseigner toutes les nations » !

importé de protestantisme culturel. Eugène Forcade (1849) disait déjà à propos des « Têtes Rondes » d'Oliver Cromwell : *« Pourtant les « Têtes Rondes » grimaçaient la tristesse à faire peur ou à faire rire... ».* Et encore : *« D'où venaient à ceux-ci leur triste figure ? Les meilleurs, les patriotes et les fanatiques croyaient être les instruments de Dieu, élus de toute éternité pour fonder le règne des saints sur la terre ».*

A remarquer par ailleurs comment les partis de gauche dans le monde deviennent plus en plus des coalitions de minorités tirant sur ces diverses ficelles ; ainsi du Parti Démocrate aux Etats-Unis et du socialo-macronisme en France (LREM).

Dans la « Route de la servitude » Friedrich Von Hayek (1944) soulignait le danger pour la liberté d'une coalition activiste des lobbys d'« idéalistes unilatéraux » ; nous y sommes très clairement. Le terreau des mentalités en évolution est nécessaire à l'émergence et à la prospérité de ces divers courants militants[110]. Si la thèse de Friedrich Hayek correspond à une réalité incontestable, elle est cependant partielle et n'exclut pas la « causalité inverse ». Dans bien des cas, les extrémistes de nos sociétés occidentales sont à la recherche de leviers assez puissants pour atteindre leurs buts destructeurs. Quand la quête de l'égalité sociale fait moins recette, ils n'hésitent pas à se recycler dans l'écologie politique ou la cause animale. Par exemple, qui peut croire que les individus utilisant sans état d'âme des méthodes violentes contre leurs semblables humains soient animés d'un intérêt sincère ou de compassion pour les animaux. Ces derniers ne sont qu'un prétexte.

---

[110] On peut d'ailleurs suivre l'évolution et la fragmentation des mentalités et opinions en France en lisant l'ouvrage de Jérôme Fourquet : « L'archipel français » (2019).

L'État français, tétanisé, valide ces courants activistes et s'appuyant sur leur popularité médiatique, espère renforcer ainsi sa légitimité morale de plus en plus vacillante. L'école véhicule la tendance à jet continu et pousse à rejeter les « inégalités de résultat », y compris, selon les thèses de Pierre Bourdieu, quand les réussites sont liées au mérite et à l'investissement des parents.

Quelques décennies passant, l'égalitarisme imprègne donc notre vie sociale et économique tout autant que le refus du risque. Qui pourrait penser naïvement que ces tendances n'ont pas de répercussions sur l'entrepreneuriat et la recherche, c'est-à-dire l'attrait, la faculté de créer et celle de réaliser des projets économiques dans un environnement risqué ? Dans une société d'économie libérale, les individus ne peuvent durablement se comporter en décideurs hardis et responsables pour leurs activités économiques productives et en « sujets soumis » pour à peu près tout le reste. C'est d'autant plus évident que la gangrène progressive de la judiciarisation n'épargne pas le secteur privé, loin s'en faut.

Si nos meilleurs dirigeants en étaient fermement convaincus, il y aurait alors un réel espoir de renouveau. C'est, comme indiqué plus haut, la nécessité économique au service de la liberté.

Encadré 8-2 La crise du covid-19, un terrible révélateur des dégâts du refus du risque

La judiciarisation de la société bloque la production de certains services, un phénomène qui se répand comme un feu de brousse et touche de plus en plus la France ». Quelque docte personne du passé se réveillant d'entre les morts un 11 mai 2020 aurait pu constater que le refus du risque, l'application du principe de précaution et la judiciarisation de la Société battaient, si l'on peut dire, leur plein. Dans un contexte marqué par la méfiance généralisée entre les gouvernants et les citoyens et une absence de fraternité entre les uns et les autres, ni les écoles, ni les entreprises, ni les transports ne semblaient capables de rouvrir après le confinement. Les « précautions » imposées ou « insinuées » par les Pouvoirs Publics rendaient inopérantes en pratique les mesures de déconfinement annoncées.

L'impact judiciaire se déplace insidieusement du droit privé vers le droit pénal dans un refus massif de la liberté et de la prise de responsabilité. Ainsi est définitivement enterrée la « société de bonhomie et de confiance » qui était naguère l'une des forces de notre tissu social et économique. Certes, elle avait également disparu entre 1940 et 1944 mais à l'époque on avait un peu d'espoir…

Un courant idéologique d'essence mondialiste lève la contradiction précédente d'une autre façon plutôt inquiétante. Ce courant, encore mal compris en Occident[111], réserve la liberté économique à certaines élites proches des cercles de pouvoir nationaux et internationaux. Il s'agit clairement des « faux libéraux » ou « libéraux » au sens américain du terme, les « Démocrates » américains et les « Macronistes » français entre autres. Nous en avons parlé dans le premier essai. Ils rassemblent en particulier tous les anciens socialistes ralliés au Marché et à la Finance. On pourrait encore les qualifier de « libéraux de pouvoir », plus politiciens qu'économistes, l'exemple quasi typique ayant été en son temps Valery Giscard D'Estaing. En France, ils sont clairement européistes, ce que ne sont généralement pas les libéraux « classiques ».

---

[111] Il est au contraire affirmé sans complexe dans la société chinoise sous l'emprise du Parti Communiste.

Cette tendance, à base de collusion, méconnaît complètement la nécessité du dynamisme des moyens et petits entrepreneurs et les conditions de renouvellement des élites économiques. Elle pousse principalement à un capitalisme de type spéculatif détourné de la production de biens et services mais axé sur l'utilisation des informations des marchés d'actifs. Alors, l'organisation O du système économique national se conçoit et s'applique en vase clos, produisant une société capitaliste instable à long terme car perdant le soutien des populations.

La **liberté du consommateur** est aussi de plus en plus contestée à partir des nouvelles normes environnementales, sanitaires ou de sécurité d'origine européenne et nationale, le principe de précaution étant poussé parfois à l'excès, un quasi pléonasme, sous l'influence de groupes de pression divers. Le système capitaliste libéral est traditionnellement supporté par les « consommateurs souverains » qui constituent en réalité la vraie base élargie de ses soutiens. Attaquer la liberté de consommation, ou, symboliquement, le capitalisme « à la Michel-Édouard Leclerc », c'est effilocher les liens unissant les masses au système d'économie libérale.

L'évolution des mentalités face au risque affecte aussi les investissements productifs d'une manière qui prolonge la tendance collusive précédente, celle de la destination des placements. Naguère, avant que « rester chez soi » soit devenu une nouvelle vertu civique, l'actuel président Emmanuel Macron soulignait à l'envie la préférence « néfaste » des Français en faveur de l'immobilier, préférence qu'il convient donc de pénaliser lourdement[112]. Cette préférence reflète sans

---

[112] Orienter les particuliers vers les placements boursiers semble un objectif louable mais, comme l'expérience récente (2019-2020) de spéculation retournée le montre, c'est surtout créer en Bourse une

doute aussi un phénomène récent, en l'occurrence le découragement de l'épargne placée provoqué par les politiques monétaires et n'autorisant pour beaucoup aucune possibilité de rendement significatif en dehors de l'immobilier. Mais elle traduit encore un repliement progressif des Français sur leur vie et leur propriété familiale, dernier refuge de liberté[113], ainsi qu'une sauvegarde de transmission face aux empiètements publics et au manque de confiance en l'avenir. Ces tendances se sont aggravées depuis des décennies par l'incapacité des politiciens à proposer et garantir aux Français un avenir plus positif ou exaltant. Ainsi donc, l'État est malvenu de critiquer une préférence pour l'immobilier et un repli face au risque qu'il contribue à alimenter par son impuissance dans ses missions de base. Évidemment, cela pèse sur l'entrepreneuriat et les investissements productifs. Keynes établissait le « motif de précaution » et le motif de « spéculation » pour une détention de monnaie parfois excessive et pénalisante. Ici, ces deux raisons, liées à des anticipations exagérément sensibles, pèsent à long terme sur l'investissement productif.

La littérature évoque les relations de long terme entre l'entrepreneuriat (proche de H2ER) et certaines variables fondamentales, démographiques par exemple. C'est ainsi que James Liang, Hui Wang et Edward Lazear (2014) concluent que plus une société vieillit, plus le taux agrégé d'entrepreneuriat est susceptible de diminuer. Selon le « Global Entrepreneurship Monitor », l'accroissement d'un an de l'âge médian d'un pays diminue les créations de nouvelles entreprises de 2,5 %. Mais cette relation exprime sans doute plus une concordance qu'une

---

catégorie de poulets à plumer ! Ceci illustre la dérive « spéculative » du système d'économie et de finance de marché.

113 Les mesures de confinement ont révélé et sans doute accentué ce sentiment de bernard-l'ermite.

implication ! En effet, se marier[114] et avoir des enfants est une forme d'investissement, d'engagement c'est-à-dire de prise de décision. Par conséquent, les sociétés "adversaires du risque" telles que les nôtres sont celles qui prennent le moins de décisions de ce type et sont aussi les plus « vieilles » et les moins démographiquement dynamiques. La perte de croissance économique et l'affaissement démographique sont deux symptômes d'une même attitude d'absence de prise de risque.

La France a hissé le « principe de précaution » au sommet de son droit. Cette disposition, qui entérine une puissante évolution, a fait l'objet d'une demande de suppression de la part de la « commission Attali » mandatée par le Président Sarkozy en 2007, demande restée sans réponse jusqu'à présent.

Cette suppression changerait-elle grand-chose à la « puissante évolution » sous-jacente des mentalités? Probablement un peu, mais elle est surtout nécessaire et même urgente pour bloquer la judiciarisation des comportements et la fuite éperdue devant les responsabilités à tous les niveaux. C'est toute notre culture d'entrepreneuriat et de prise de responsabilité qui est en jeu.

Les mentalités n'ont certes pas évolué seulement dans les domaines de l'égalitarisme et du refus de risque. On doit citer bien d'autres évolutions majeures durant ces dernières décennies. Ont évolué : les attitudes face à la vérité, sans doute les plus importantes, comme nous l'ont appris les dissidents soviétiques[115], les engagements personnels, la perception de la

[114] Le mariage, qui fut autrefois une sorte de refuge est clairement devenu un risque !

[115] En particulier Soljenitsyne. Une de leurs leçons préférées pourrait se dire ainsi : « Les pouvoirs reposent souvent sur le mensonge, le pouvoir totalitaire sur le mensonge intégral et les pouvoirs détaillés sur des mensonges nombreux ». Ce constat paraphrase sans vergogne

vie humaine, la religion et bien d'autres encore qui ont été bouleversées de façon spectaculaire depuis les mêmes dates. Ces évolutions sont d'ailleurs reliées entre elles par une sorte de synergie et peuvent avoir aussi des répercussions sur les diverses catégories de capital humain et sur les institutions utiles à la croissance. Néanmoins, l'égalitarisme et le refus du risque sont probablement, avec le taux d'imposition, les deux causes directes principales de la stagnation économique de la France, les autres éléments se situant plutôt en amont dans la dérive observée. Ceci posé, en revenant à la politique de l'offre nécessaire, convenons qu'il faut beaucoup de temps et de conviction pour redresser les mentalités et les effets ne se font sentir qu'avec des délais considérables ; l'arrêt du déclin passe d'abord et avant tout par une révolution à 180 degrés du système éducatif. Le ministre de l'Éducation Nationale, Jean-Michel Blanquer, semble l'avoir compris...mais ira-t-il assez loin ? Il est aussi concerné par la suite...

Le déclin des cultures

La littérature montre la difficulté de calculer la culture destinée à l'effort productif et par conséquent celle de suivre correctement son évolution. Nous disposons seulement de quelques traces de l'effort national fourni, traces consignées dans les différents classements internationaux sur la qualité des formations des élèves et étudiants à différents stades de leur formation. On peut aussi faire fond sur une expérience de professeur couvrant cette même période de ralentissement économique, des années soixante-dix à maintenant. Malheureusement, les deux concordent à peu près...

---

les mots bien connus de Lord Acton (1834-1902) : « Le pouvoir corrompt, le pouvoir absolu corrompt absolument ! »

Les classements PIRLS (Programme international de recherche en lecture scolaire) et PISA (Programme international pour le suivi des acquis des élèves) sont peut-être les plus connus ; le premier correspond à des enquêtes menées auprès d'écoliers de CM1 de 50 pays du monde sur leur compréhension de textes littéraires. En 2016, avec un score de 511 points, les écoliers français se situent légèrement plus haut que la moyenne internationale (500) mais en dessous de celle de l'OCDE (541) et de la moyenne européenne (540). Leur classement les place au trente-quatrième rang des cinquante pays et au dernier en Europe. Par comparaison avec une étude analogue menée en 2001, où son score était de 525, la position de la France se dégrade. L'analyse détaillée révèle aussi la concentration des infériorités françaises sur les deux extrémités de l'éventail des performances individuelles[116]avec notamment une forte proportion d'écoliers scolarisés en France parmi le groupe le plus faible.

Les constatations faites à partir des enquêtes PISA (celle de 2015 notamment) complètent les précédentes pour des jeunes de 15 ans. Le score des jeunes collégiens français pour les diverses épreuves en sciences, compréhension de l'écrit et mathématiques se situe au milieu de tableau, légèrement au-dessus de la moyenne des 70 pays de l'enquête mais inférieur à celui de presque tous les pays européens de l'Ouest. Là encore, les performances s'abaissent.

Il serait tentant mais injuste de reprocher ce recul aux enseignants. La mainmise sur l'enseignement français de « pédagogistes » réfractaires à la transmission, est sûrement l'une des causes des mauvais résultats de l'accumulation du capital humain mais ça ne paraît pas suffisant non plus ; ce qui

[116] Ceci montre bien que l'infériorité de notre classement ne tient pas à un quelconque élitisme de notre appareil de formation.

l'est plus c'est la situation des écoles et universités face aux exigences démesurées du corps social et des politiques. Ceux-ci demandent par exemple à l'école d'assurer l'intégration d'une population d'enfants culturellement éloignés de la norme française traditionnelle avec un soutien familial d'acquisition de culture très insuffisant ou même régressif et contradictoire. Les disparités géographiques des résultats aux divers examens : évaluations primaires, brevet des collèges, baccalauréat, sont révélatrices de cette situation dans certaines îles de notre « archipel français ».

Au total, comme la crise de 2020 l'a bien montré[117], l'école a entassé un trop grand nombre de missions à côté et au détriment de la transmission traditionnelle du savoir. Celle-ci s'en trouve étalée et donc considérablement retardée au détriment des enfants les plus doués et des espoirs de cultures spécifiques futures utiles à l'économie, la culture d'entreprise et de responsabilité et la culture humaine scientifique notamment.

À un âge plus élevé et pour d'autres raisons, la tâche confiée aux universités est également démesurée. Les capacités à l'entrée sont très disparates et la sélection est rejetée en principe et amoindrie en fait par l'abaissement du niveau d'exigence d'un baccalauréat moribond. Il en résulte une évidente réduction du niveau de recrutement. Un glissement progressif des enseignements universitaires vers de simples prescriptions utilitaristes et la mise en œuvre de protocoles « professionnalisants » en sont les conséquences, tout comme la baisse de valeur des diplômes. Les pédagogistes, longtemps tenus à l'écart de l'université, se coulent dans les innovations numériques, nouveau « cheval de Troie » des administratifs et des médiocres. Tout cela se produit au détriment de la culture

---

117 On a constaté en effet que les gouvernants en attendent surtout un service de gardiennage !

scientifique générale, de la réflexion, de l'innovation et du débat d'idées. Réhabiliter ces traditions séculaires de l'Université française serait une voie profitable au développement.

Les politiciens se gargarisent aussi d'objectifs inconsistants, de pourcentages accrus de réussite complètement sans signification et d'une confusion soigneusement entretenue entre les diplômes et la formation obtenue. Ils se sont naguère entichés des « joujoux informatiques » autour d'une « fracture numérique » qui désormais s'inverse et de l'acquisition par les jeunes d'une aisance de communication superficielle, acquisition qu'ils font trop bien tout seul et à l'excès ! Ils ne se rendent pas compte qu'*a contrario*, le sevrage raisonné de ces outils est désormais la clé de l'acquisition des connaissances et de la réflexion vraiment utiles.

Pour toutes ces raisons et sans risque de se tromper beaucoup, on peut affirmer que les accroissements de la culture productive, de la culture de responsabilité et celui de la culture scientifique et de recherche sont négatifs ou à tout le moins trop faibles. On n'oubliera pas que les agrégats nationaux (virtuels) de capital humain tiennent aussi compte des départs à la retraite de populations actives nombreuses et souvent bien formées, ayant accumulé des connaissances par l'effet d'apprentissage. La place dans les classements d'acquisition du capital humain doit être comparée à celle du classement du PIB par habitant qui reflète des acquisitions passées des divers facteurs et bien sûr celle du capital humain lui-même. Par conséquent, dans le contexte actuel, maintenir simplement la culture de production à sa valeur atteinte serait déjà méritoire. L'accroître progressivement par la suite serait mieux.

Quelles sont les conséquences de cet affaiblissement culturel ? Il se traduit d'abord en termes de productivité, ce dont l'équation de croissance rend compte directement. Mais le modèle MIE nous apprend aussi autre chose : l'« offre de travail » n'est pas seulement une offre du travail proprement dit mais une offre conjointe du travail (heures) et de la culture professionnelle associée. Sur le marché du travail, toute baisse du capital humain pour une personne donnée réduit le salaire proposé par l'employeur. L'existence de planchers, de règles uniformes, l'absence de souplesse dans les basses rémunérations créent alors une vague de chômage « classique » et font monter un « taux naturel » difficilement réductible. Le taux de chômage, en permanence en France autour de 10 % et toujours bien plus fort pour les jeunes, est en réalité un symptôme de la baisse du capital humain, au moins pour la partie « fragile » de la population active.

Le phénomène est accentué par le démantèlement progressif du dispositif de politique familiale, trop souvent confondue avec une politique d'égalisation sociale, ce qui ne promeut plus assez l'offre de travail à fort contenu en capital humain. Les familles cultivées et riches devraient logiquement être poussées à élever un plus grand nombre d'enfants par un système incitatif qui les distingue favorablement des individus ou couples de même niveau de revenus ne procréant pas. La politique familiale a aussi un aspect territorial, foncier et d'aménagement spatial des emplois, car la localisation des actifs dans les grandes agglomérations (Paris notamment) est un frein à l'expansion du capital humain national. Ce frein n'est pas dû à l'absence de moyens de formation, bien au contraire, mais au nombre trop réduit de ceux qui en bénéficient ; l'effort formateur de la nation est inégal et en partie gaspillé.

Les mouvements de longue période mènent ainsi à un accroissement de l'écart entre la croissance de la population et celle de l'emploi effectif, alors même que la France est déjà un pays où le taux d'activité est faible et le taux de dépendance élevé. Dans l'équation de croissance du revenu par tête, l'élément négatif de croissance de la population l'emporte sur l'élément positif de la quantité de travail offert. La seule politique possible à court terme est le relèvement de l'âge de la retraite dont on voit qu'il donne au capital humain national un coup de pouce significatif. Cette politique ne s'impose pas seulement en raison d'une nécessité d'équilibre financier des retraites versées mais aussi pour accroître la production et le revenu national.

Une évolution régressive du facteur « O » d'organisation

D'autres pistes s'ouvrent pour éclairer les raisons du décrochage de croissance. Pour la France, le facteur « O » est probablement en cause. Ce facteur a évolué dans le temps et rien ne garantit que cette évolution soit toujours ou suffisamment dans la bonne direction. Vu le flou de sa définition et son caractère composite, il sera néanmoins bien ardu de prouver de façon convaincante en quoi sa croissance n'est pas satisfaisante.

En point de départ de cette démonstration impressionniste, rappelons donc simplement le lien de « O » avec la dérive des « valeurs » évoquée plus haut. Ainsi donc, les évolutions des mentalités sont l'une des causes du déficit de projets et d'investissements divers mais on peut aussi affirmer qu'elles inspirent des changements dans la façon dont l'État oriente les trajectoires économiques et sociales à travers les lois, les règlements, les équipements et le fonctionnement effectif des institutions administratives, judiciaires et d'organisation, par conséquent le facteur « O ». Ainsi par exemple, le sens de la propriété privée et son respect effectif par les institutions s'effilochent dangereusement : le caractère confiscatoire de la pression fiscale et l'habitude prise par l'État de pénaliser monétairement plusieurs facettes de la liberté d'usage en sapent significativement les fondements. Les diverses formes de propriété privée sont successivement dénigrées comme en témoigne le sort réservé à la propriété immobilière dans le « discours » du Président Macron ; elles sont réduites par les derniers avatars de socialisme, la perte progressive des droits traditionnels « usus, fructus, abusus », du Code civil ne faisant plus aucun doute. L'idée selon laquelle seul l'État est légitimement propriétaire et qu'il « concède » ou « tolère »[118] seulement les droits de chacun plus qu'il ne les « garantit », s'insinue dans les esprits notamment ceux des jeunes générations et ceux des médias.

Pour former et suivre O et se porter au niveau du modèle, on peut tenter de rassembler divers aspects de l'environnement institutionnel, matériel et mental de l'économie. A cet effet, des statistiques internationales existent, qui montrent la situation d'ensemble de nos institutions publiques face à la croissance, sous l'hypothèse ici acceptée que la croissance dépende des comportements et des incitations.

L'institut canadien Fraser et le « Cato Institute » co-publient chaque année un classement des 162 pays du monde selon leur degré de liberté économique, l'indice composite EFW. Sa dernière analyse, publiée en septembre 2018 (tableau 1 et

---

[118] La « tolérance » concédée par les pouvoirs publics est un concept bien connu en France. Derrière une concession bienveillante de libertés de fait, se cache mal la vision de l'omnipotence étatique. En réalité, cette concession s'impose seulement aux pouvoirs publics par l'impossibilité pratique des contrôles. Dès que les techniques de surveillance se perfectionnent, ces tolérances sont amenées à se raréfier. Par exemple, un « Meilleur des Mondes » à la Aldous Huxley se met actuellement en place en Chine en utilisant les techniques de reconnaissance faciale. Mais les drones de la gendarmerie qui chassent les Français sur les plages ne sont pas mal non plus !

graphique 2) synthétise nombre d'éléments évoqués dans le facteur d'organisation du modèle MIE : poids de l'État, système juridique et droits de propriété, solidité de la monnaie, liberté du commerce extérieur et réglementation, eux-mêmes décomposés en observations de base. Cet indice présente des limites, notamment celle de ne pouvoir toujours déterminer l'effectivité des institutions et des actions citées ; limite également, la difficulté des problèmes d'agrégation des différentes branches de l'indice. Mais, en dépit de ces insuffisances classiques, l'analyse des positions relatives entre pays du monde et celle de leur évolution dans le temps renforcent la thèse d'une « exception française ». On observe le classement général de la France en 2016 : 57ème sur 162 et dernier pays de la Zone Euro.

Tableau 8-1 **Indice de liberté économique (EFW) pour la France**

1980	1990	2000	2005	2010	2015	2016
6,05	7,04	7,47	7,31	7,42	7,35	7,25

Légende : La note maximale est 10, une moyenne des 5 indices particuliers cités dans le texte.

<u>Graphique 8-3</u> Classement de la France pour l'indice de liberté économique

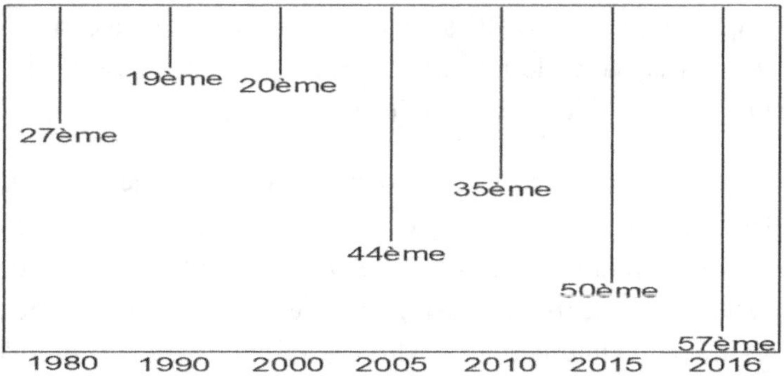

Source : « Economic Freedom of the World : 2018 Annual Report » (Fraser and Cato Institutes)

Un regard rétrospectif indique que le classement se décale dangereusement dans le temps, avec des places de 19ème en 1990, notre meilleure position, 29ème en l'an 2000 et 35ème en 2010. Le mandat de François Hollande (2012-2017), président socialiste, marque logiquement un déclassement accéléré mais ceux de Jacques Chirac, en cohabitation explicite puis implicite (de 1997 à 2007) n'étaient pas mal non plus. Celui de Nicolas Sarkozy (2007-2012) a juste constitué une pause bienvenue mais courte. L'échec de la « Commission Attali » à faire valoir la plupart de ses recommandations a d'ailleurs sonné le glas des espoirs de libéralisation, échec sans doute explicable par l'arrivée de la crise de 2008.

Dans cette étude, un élément plutôt encourageant pour la France, trouvé dans le détail des tableaux particuliers non reproduits ici, est l'existence d'infrastructures publiques de bonne qualité. Encore faut-il distinguer entre les équipements publics en question et mesurer leur apport à l'activité. Boucher les rues en installant des ralentisseurs et suréquiper des agglomérations en infrastructures de loisir valent-ils autant économiquement que réaliser un aéroport international ? Enfin, l'opinion générale, étayée sur diverses études de la BCE et du FMI, est que les investissements publics ont des rendements qui décroissent avec le niveau de développement, c'est-à-dire, à la marge, avec l'équipement déjà en place[119].

La croissance se déroulant dans un contexte de compétition, sinon de guerre économique, il est clair que la médiocrité de la position relative de notre environnement administratif et juridique français est aussi un handicap majeur au maintien et à l'attraction internationale du capital physique et du capital humain.

Conclusion

Les raisons du décrochage français sont donc nombreuses : insuffisance de plusieurs formes d'investissement : capital physique, entrepreneuriat et culture de responsabilité, culture de production et en amont, l'affaissement de certains ressorts sociétaux, de beaucoup de cultures humaines et des mentalités. La responsabilité des hommes politiques est évidente sur le long terme même si elle n'est pas la seule. Souvent, l'affaissement

---

[119] La position de la France se dégrade même dans ce domaine des équipements publics. En témoigne les appréciations les plus négatives des enquêtes portant sur la réputation des aéroports. Dans un sondage de 2019 réalisé auprès des usagers on note la « mauvaise surprise pour les aéroports parisiens », classés parmi les pires aéroports du monde selon Air Help : **Paris-Orly** est la 126ème place sur 132, avec un score de 6,37/10 ; **Paris-Charles-de-Gaulle** à la 121ème place, noté 6,7/10. Un constat désabusé peut aussi s'imposer pour le réseau routier : longtemps championne du monde de la qualité des routes (jusqu'en 2012) la France se place désormais en 18ème place (octobre 2019, World Economic Forum).

sociétal précède la perte de légitimité et par conséquent celle de l'efficacité des gouvernements. De plus l'État « organise » moins bien l'économie et son système de motivations incarné dans les institutions est défaillant. On conclut donc en disant que la France perd sa croissance économique par effacement politique et culturel.

Des solutions pour un renouveau existent sur tous ces plans et les allègements fiscaux et l'inversion du mouvement relatif de la population et du travail en représentent les premières étapes réalisables à court terme. Les autres étapes à plus long terme seraient l'extension des cultures humaines, quantitativement et surtout qualitativement, développant le goût du risque et de la recherche. Les enseignements et une ambiance familiale et sociale tournés vers plus de responsabilité personnelle et de liberté devraient y contribuer.

Plus loin que la croissance.

Dans ce qui précède, les discussions sur la croissance française ont eu la priorité sur celles du bonheur et du développement, priorité prévue par le modèle MIE. Une étude complète de notre situation nationale devrait donc encore rendre compte des signes nombreux de « perte de bonheur »[120] en se posant donc la question suivante : derrière la stagnation de la croissance, peut-on discerner une régression du développement ? Oui, très certainement ! Dans l'analyse que le modèle consacre au développement et au bonheur individuel et collectif, nous avons souligné le caractère contingent de la fonction de développement. D'un pays à l'autre et d'une époque à l'autre, les attitudes face aux risques de l'existence, à la maladie et à la

[120] Un exemple : la France est un pays où l'anxiété est présente individuellement et collectivement et où la consommation de tranquillisants est très élevée.

mort évoluent. On doit affirmer sans hésitation que la France est devenue matérialiste plutôt que religieuse et adversaire du risque plutôt que brave, les deux étant d'ailleurs fortement liés. Même à PIB donné, on peut donc en inférer une baisse globale de bonheur et de développement.

Revenant finalement à l'avenir de la croissance économique, on devrait encore penser au trio « mondialisation-puissance-croissance » que met en scène notre analyse théorique. Jusqu'à ce jour, la France a pu s'appuyer sur l'investissement en « puissance » que représente son histoire et notamment au XXème siècle, l'action du Général De Gaulle. Cette « puissance » lui a permis depuis d'éviter de peu la régression économique. Qu'en sera-t-il demain ?

Bibliographie générale

Aschauer, David (1985) : « Fiscal Policy and Aggregate Demand », *American Economic Review* 75, 1 (Mars).

Audretch, David, Bonte, Werner et Jagannadha Pawantamvada (2007) : « Religion and Entrepreneurship » DO - 10.2139/ssrn.1025968 JO - SSRN Electronic Journal.

Barro, Robert (1990) : « Government Spending in a Simple Model of Endogeneous Growth », Journal of Political Economy, 98, Octobre.

Barro, Robert (1990) : « Government Spending in a Simple Model of Endogeneous Growth », Journal of Political Economy, 98, Octobre.

Bellamy, François-Xavier (2014) : « Les déshérités ou l'urgence de transmettre », Editions Plon.

Besançon, Alain (2002) : « Trois tentations dans l'Eglise »

Branstetter, Lee, G, Glennon, Britta et J. Bradford Jensen : « The Rise of Global Innovation by US Multinationals Poses Risks and Opportunities », June 2019.

Broadberry, Stephen (2007) : « Recent Development in the Theory of Very Long Term Growth : A Historical Appraisal », Warwick University Working Paper, N° 818.

Caselli, Francesco et Feyrer, James (2006) : « The Marginal Product of Capital », 7th Jacques Polak Annual Research Conference, FMI des 9-10 Novembre.

Chialand, Gérard (2018) : « Le pouvoir feutré », *Conflits*, *Hors-série* N^{0}7, Printemps.

Forcade, Eugène (1849) : « Cavaliers et Têtes Rondes – mémoires du Prince Rupert », Revue des Deux Mondes, Tome IV.

Fourquet, Jerôme (2019) : « L'archipel français ; naissance d'une nation multiple et divisée », Le Seuil (Editeur), mars.

Galor, Oded et Weil, David (2000) : « Population, Technology, and Growth: From Malthusian Stagnation to the Demographic Transition and beyond », American Economic Review, Vol 90, N°4, Septembre.

Gandelman, Nestor et Hernàndez-Murillo, Rubén (2015) : « Risk Aversion at the Country Level », FRB Saint Louis Review, premier trimestre.

Gauchon, Pascal et Holz, Jean-Marc (2018) : « Mesurer la puissance ? *Conflits* l'a fait ! », *Conflits,* N°17, Avril-Mai-Juin.

Gilder, Georges (2016) : « Les erreurs de la science économique », Agefi Magazine,

Guellec, Dominique et Van Pottelsberghe de la Poterie, Bruno (2001) : « Recherche- Développement et croissance de la productivité : Analyse de données d'un panel de 16 pays de l'OCDE », *Revue économique de l'OCDE*, N^0 33 2001/2.

Guido Luigi, Sapienza, Paola et Zingales Luigi (2003) : « People Opium Religion and Economic Attitudes », Journal of Monetary Economics, N° 50.

Hayek, Friedrich, A (1944) : « La route de la servitude », traduction française PUF (2004).

Hayek, Friedrich. A (1976) : « Droit, législation et liberté », Tome 2 : « Le mirage de la justice sociale », traduction Raoul Audouin, Editions des Presses Universitaires de France.

Jones, Charles I (1995) : « Théorie de la croissance endogène », De Boeck Université.

Jones, Charles I (1999) : « Was an Industrial Revolution Inevitable ? Economic Growth over The Very Long Term », NBER Working Paper N° 7375, Octobre.

Landais, Anne-Yvonne et Landais, Bernard (2014) : « Optimalité en zone monétaire et mondialisation spécifique des Etats : un cas limite, l'Irlande », *Studia Oeconomica Posnaniensia*, Vol 2 N°12.

Landais, Bernard (2019) : « La Zone Euro vingt ans après : un échec rattrapable » Revue Internationale des Economistes de Langue Française (RIELF) Vol 4, N°1.

Landes, David (2000) : « Richesse et pauvreté des nations », traduction française aux éditions Albin Michel.

Landes, David (2006) : « Why Europe and the West, Why not China ? », Journal of Economic Perspectives.

Leprince-Ringuet, Louis (1973) : « Sciences et bonheur des hommes », Col Champs Flammarion.

Liang, James, Hui Wang et Lazear Edward (2014) : « Demographics and Entrepreneurship », NBER Working Papers, Septembre.

Lucas, Robert (1988) : « On the Mechanics of Economic Development », *Journal of Monetary Economics,* 22, Juillet.

Maddison, Angus (2001) : « L'économie mondiale, une perspective millénaire », Etudes du centre de développement, OCDE.

Maddison, Angus (2006) : « La Chine dans l'économie mondiale de 1300 à 2030 », Outre Terre 2006/2 N° 15, pages 89-104.

Malherbe, Michel (2010) : « Les langages de l'humanité », Editions Robert Laffont.

Mankiw, Gregory, Romer, David et Weill, David (1992) : « A Contribution to the Empirics of Economic Growth », Quarterly Journal of Economics, Mai.

North, Douglass et Thomas, Robert Paul (1973) : « L'essor du monde occidental », Editions du Seuil.

Pereira, Alvaro (2003) : « When Did Modern Economic Growth Really Start ? The Empirics of Malthus to Solow », University of British Columbia Working Paper.

Romer, Paul (1990) : « Endogeneous Technical Change », Journal of Political Economy, 98, 5, Octobre.

Simonnet, David (2017) : « Les entreprises et l'intérêt national », Revue Conflits N°13, Avril-Mai-Juin.

Slattery, William J (2019) : « Comment les catholiques ont bâti une civilisation », Editions Mame.

Sowell, Thomas (1983) : « The Economics and Politics of Race ; An International Perspective », traduction française (1986) par Raoul Audouin et collaboration de François Guillaumat sous le titre : « Race, politique et économie », Presses Universitaires de France.

Sowell, Thomas (1981) : « L'Amérique des ethnies », traduction française : Éditions « L'Age d'homme » (1983).

Weber, Max (1905) (1964 traduction française) : « L'éthique protestante et l'esprit du capitalisme », Librairie Plon éditeur.

Weil, David (2014) : « Health and Economic Growth » in: Philippe Aghion & Steven Durlauf (ed.), *Handbook of Economic Growth.*

Revue « Marché et Organisations »
L'Harmattan

Cahiers d'économie et de gestion thématiques dont le but est de promouvoir la recherche originale sur les relations de plus en plus étroites qui se tissent entre le marché et les organisations. Les acteurs économiques de taille, de puissance et de pouvoir différents dont les intérêts peuvent être convergents, complémentaires ou, le plus souvent, antagoniques, ont tendance à organiser les marchés. La raison du marché, pourtant, est la référence stratégique pour l'entreprise ainsi que pour les institutions publiques de décision économique.

Numéros parus :

N°1 : Artisanat. La modernité réinventée, 2006
N°2 : La petite entreprise, elle a tout d'une grande. De l'accompagnement aux choix stratégiques, 2006
N°3 : Tourisme et Innovation. La force créative des loisirs, 2007
N°4 : Le travail. Formes récentes et nouvelles questions, 2007
N°5 : Les universités et l'innovation. L'enseignement et la recherche dans l'économie des connaissances, 2007
N°6 : Entrepreneuriat et accompagnement. Outils, actions et paradigmes nouveaux, 2008
N°7 : Développement durable des territoires. Economie sociale, environnement et innovations, 2008
N°8 : Développement durable et responsabilité sociale des acteurs, 2009
N°9 : Gouvernance : exercices de pouvoir, 2009
N°10 : Le travail collaboratif. Une innovation générique, 2009
N°11 : Economie sociale et solidaire. Nouvelles trajectoires d'innovations, 2010
N°12 : Relations à la marque et marques de la relation. Regards croisés sur le management relationnel de la marque, 2010
N°13 : Les contrats au service de la recherche ?, 2011
N°14 : Le potentiel économique de l'Afrique subsaharienne, 2011
N°15 : Management de la distribution, 2012
N°16 : Territoire Vert. Entreprises, Institutions, Innovations, 2012
N°17 : Eco-conception, conception et innovation. Les nouveaux défis de l'entreprise, 2013
N°18 : Intelligence économique : entreprises et territoires, 2013
N°19 : La finance globale. Un monde fini, 2013
N°20 : La crise du « développement », 2014
N°21 : La Chine innove. Politiques publiques et stratégies d'entreprise, 2014
N°22 : Go East! Nouvelles Economies de Marché, 2015
N°23 : L'économie du changement, 2015
N°24 : Le temps des artisans. Permanences et mutations, 2015
N°25 : Innovations de proximité et esprit d'entreprise, 2016
N°26 : L'avenir des économies du Maghreb : entre inertie structurelle et envie de rupture, 2016/3 (n° 27)
N°27 : Le sport aux frontières du marché du travail, 2016
N°28 : Dynamiques internationales des entreprises, 2017
N°29 : L'univers du risque, 2017
N°30 : Les petites entreprises dans l'histoire industrielle, 2017
N°31 : Economie sociale et *social business* ? Au défi d'entreprendre et se financer, 2018
N°32 : Éducation et fertilisation des économies africaines, 2018
N°33 : L'entrepreneuriat innovant dans les pays du Maghreb, 2018
N°34 : L'entrepreneuriat scientifique : institutions et innovation, 2019
N°35 : Le champ économique de la culture, 2019
N°36 : Economie sociale et solidaire ? Modèles d'innovation et modes de gouvernance, 2019
N°37 : Rethinking Luxury Business, 2020
N°38 : Rethinking Luxury Business, 2020

Collection « L'esprit économique »

fondée par Sophie Boutillier et Dimitri Uzunidis en 1996

Dernières parutions

► ***Série Economie et Innovation***

G. ACHERMANN, *Territoires d'innovation en Russie, Ambitions et contraintes d'une politique de clusterisation*, 2018.
C. ABDOU LAHAD THIAW, *Innovation localisée pour le développement économique du Sénégal*, 2018.
N. ANIDO FREIRE, *Tradition et innovation : de l'opposition à la complémentarité*, 2018.
C. BERGHMANS (dir.), *Intelligence et compétences émotionnelles en entreprise : perspectives multiples*, 2018.
T. MICHAUD, *La réalité virtuelle : de la science-fiction à l'innovation*, 2018.
B. LAPERCHE, M. LIMA, E. SEULLIET, B. TROUSSE (dir.), *Les écosystèmes d'innovation. Regards croisés des acteurs clés*, 2019.
S. MONNERIE, *L'économie digitale révolutionne le monde. Innovation et total design*, 2019.
T. MICHAUD, *Le projet spatial européen, entre pragmatisme et imagination*, 2020.
J.-P. SCHMITT, N. RAVIDAT, *Management conjoint de la technologie et de la personne. Pour performer et croitre*, 2020.

► ***Série Le Monde en Question***

L. BOURQUIN, *Europe 3.0 : le grand réveil*, 2017.
A. ROSOWSKY, *De l'économie de pillage a la société désagrégée, un essai sur la révolution thatchérienne*, tomes 1 & 2, 2017.
M. AMAN, *Currency board* (caisse d'émission) à Djibouti. Quelles implications économiques ?, 2018.
M. BENALI, A. EL BOUHADI, *Accès aux services financiers, inclusion et durabilité économique en Afrique*, 2020.

► ***Série Krisis***

J. HUERTA DE SOTO, *La théorie de l'efficience dynamique*, 2017.
Y. LEVANT, S. TREBUCQ, *Théorie comptable et sciences économiques du XVe au XXIe siècle, mélanges en l'honneur du professeur Jean-Guy Degos*, 2018.
M. WIELEZYNSKI, *Retour sur l'origine du profit : et si l'économie changeait de paradigme…*, 2018.
G. MINART, *Benjamin Constant, économiste*, 2019.
M. RAMEAUX, *Le tao de l'économie. Du bon usage de l'économie de marché*, 2020.
B. TONGLET, *Innovation et dynamique discontinue au bas Moyen Age. Pour une autre approche de l'histoire économique*, 2020.

► **Série *Clichés***

S. BOUTILLIER, D. UZUNIDIS (dir.), *La Russie européenne. Du passé composé au futur antérieur*, 2008.
R. VOLPI, *La négociation. Pain, paix, liberté*, 2009.

► ***Série Cours Principaux***

O. ESNEU, *Fondements de droit. Manuel d'initiation*, 2018.
B. LANDAIS, *Les fluctuations économiques, une synthèse nouvelle*, 2017.
S. FREZAL, *Quand les statistiques minent la finance et la société. Risque, responsabilité et décision*, 2018.
O. ESNEU, *Le droit du transport routier de marchandises (TRM)*, 2018.
G. DUTHIL, *Economie publique et métamorphoses sociales*, 2019.

► ***Série L'économie formelle***

S. PARK, *Les abus de puissance économique dans les relations commerciales déséquilibrées*, 2018.
C. JADEAU, *La Finance inclusive. Manuel du post-capitalisme financier*, 2019.
A. BELMADANI, *Monnaie et systèmes de paiement. Mutations, enjeux et risques*, 2019.
É. CHAUMETON, *Pour une économie au service de la personne. Pistes d'avenir pour l'économie, la monnaie et la fiscalité*, 2019.
K. B. KOUASSI, *Pauvreté des Nations. Une critique de l'économie politique*, 2019.
F. NEUVILLE, *Comment gagner de l'argent en Bourse*, 2020.

Structures éditoriales du groupe L'Harmattan

L'Harmattan Italie
Via degli Artisti, 15
10124 Torino
harmattan.italia@gmail.com

L'Harmattan Hongrie
Kossuth l. u. 14-16.
1053 Budapest
harmattan@harmattan.hu

L'Harmattan Sénégal
10 VDN en face Mermoz
BP 45034 Dakar-Fann
senharmattan@gmail.com

L'Harmattan Cameroun
TSINGA/FECAFOOT
BP 11486 Yaoundé
inkoukam@gmail.com

L'Harmattan Burkina Faso
Achille Somé – tengnule@hotmail.fr

L'Harmattan Guinée
Almamya, rue KA 028 OKB Agency
BP 3470 Conakry
harmattanguinee@yahoo.fr

L'Harmattan RDC
185, avenue Nyangwe
Commune de Lingwala – Kinshasa
matangilamusadila@yahoo.fr

L'Harmattan Congo
67, boulevard Denis-Sassou-N'Guesso
BP 2874 Brazzaville
harmattan.congo@yahoo.fr

L'Harmattan Mali
Sirakoro-Meguetana V31
Bamako
syllaka@yahoo.fr

L'Harmattan Togo
Djidjole – Lomé
Maison Amela
face EPP BATOME
ddamela@aol.com

L'Harmattan Côte d'Ivoire
Résidence Karl – Cité des Arts
Abidjan-Cocody
03 BP 1588 Abidjan
espace_harmattan.ci@hotmail.fr

L'Harmattan Algérie
22, rue Moulay-Mohamed
31000 Oran
info2@harmattan-algerie.com

L'Harmattan Maroc
5, rue Ferrane-Kouicha, Talaâ-Elkbira
Chrableyine, Fès-Médine
30000 Fès
harmattan.maroc@gmail.com

Nos librairies en France

Librairie internationale
16, rue des Écoles – 75005 Paris
librairie.internationale@harmattan.fr
01 40 46 79 11
www.librairieharmattan.com

Lib. sciences humaines & histoire
21, rue des Écoles – 75005 Paris
librairie.sh@harmattan.fr
01 46 34 13 71
www.librairieharmattansh.com

Librairie l'Espace Harmattan
21 bis, rue des Écoles – 75005 Paris
librairie.espace@harmattan.fr
01 43 29 49 42

Lib. Méditerranée & Moyen-Orient
7, rue des Carmes – 75005 Paris
librairie.mediterranee@harmattan.fr
01 43 29 71 15

Librairie Le Lucernaire
53, rue Notre-Dame-des-Champs – 75006 Paris
librairie@lucernaire.fr
01 42 22 67 13

www.ingramcontent.com/pod-product-compliance
Lightning Source LLC
LaVergne TN
LVHW021211061026
849535LV00008B/2679